la propreté

Madeleine Deny

la propreté

conseils et astuces au quotidien

les petits guides parents

Nathan

collection

Des livres pleins de conseils, de bonnes idées et de coups de pouce réconfortants pour accompagner les parents au quotidien.

les petits Guides parents

Avec les collaborations d'experts :

Dr Marie-Noëlle Tardy, pédopsychiatre

Dr Bernard Bedouret, pédiatre

Stéphanie Nadouze, directrice de crèche

Maylis Marescot du Thilleul, enseignante en école maternelle

Marie Repelin, enseignante en école élémentaire

ISBN : 978-2-09-278426-6

Dépôt légal : septembre 2009.
Imprimé en France.
www.nathan.fr

avis aux petits aventuriers de la propreté

Vous allez sûrement être surpris le jour où, après vous avoir retiré votre couche, vos parents vont vous montrer un drôle d'engin, appelé « pot », où vous êtes censés désormais faire pipi ou caca.

Soyez sûrs qu'ils sont conscients que la fameuse étape de la propreté dans laquelle ils vont vous accompagner n'est pas une mince affaire pour vous.

Eux aussi ont été enfants, ont mouillé leur culotte ou arrosé la moquette, et se souviennent encore de quelques accidents mémorables de pipi au lit...

Soyez donc sûrs qu'ils feront en sorte que ce nouvel apprentissage se fasse à votre rythme et le plus naturellement possible.

Suivez sans hésiter l'entraînement de vos « coachs » à la maison, avec ses rituels rigolos et efficaces qui vous aideront à éviter bien des petits accidents.

Figurez-vous qu'ils vont ainsi mettre toutes les chances de votre côté afin que vous soyez propres avant l'entrée en maternelle et que vous passiez les nuits au sec de plus en plus souvent.

Une mission impossible ? Sûrement pas s'ils piochent dans ce livre ce qui les aidera à vous faire passer en douceur le cap de la propreté.

Parents et spécialistes de l'enfance leur tendent la main pour les travaux pratiques du « pipi-caca sans souci »... **Laissez-les** pour le moment en leur compagnie...

Sauf si une envie pressante vous prend soudainement et que vous ayez besoin de leur aide !

Sommaire

Petites idées « coups de pouce » pour les parents, jeux, comptines pour s'habituer à rester sur le pot, tests, tableaux de motivation pour bien connaître son corps, conseils alimentaires pour éviter le pipi au lit… Piochez dans la boîte à outils de la propreté.

Introduction

« Mais pourquoi quitter mes couches, si confortables, celles que je porte depuis ma naissance et qui me gardent toujours bien propre ? » Voilà sûrement ce que se demande votre enfant lorsque vient le temps, pour lui, de franchir l'étape de la propreté. Heureusement, il a sous la main les meilleurs des éducateurs : son papa et sa maman. Eux seuls ont la patience et la compréhension nécessaires à cet apprentissage délicat et disposent des vrais outils : ceux qui lui permettront d'acquérir les bonnes techniques pour aller sur le pot, apprendre à se retenir et passer des nuits au sec... Un cap qu'il franchira avec brio si vous acceptez ses essais et ses ratés de la façon la plus décontractée possible.

Le bon moment

Il est inutile de brûler les étapes, mais il ne faut pas non plus attendre trop longtemps. On considère que la maturité neurologique qui permet à l'enfant de contracter ses sphincters, les muscles qui ouvrent et ferment la sortie de la vessie et de l'intestin, s'acquiert entre 24 et 36 mois. Mais il ne suffit pas de faire travailler ses muscles pour devenir propre. L'enfant doit aussi faire marcher sa tête pour assimiler les directives, comprendre quand et comment faire pipi ou caca... et surtout là où il faut !

De nouvelles sensations

Lorsque, la première fois, l'enfant sent une chose bien à lui sortir de son corps, il est normal qu'il soit surpris. La première étape de l'apprentissage consiste donc à partager son intérêt pour ce pipi et ce caca qui s'échappent. Puis il faut l'aider à reconnaître pleinement les signaux précurseurs : ceux qui le font frissonner, sautiller, se tortiller avant de courir vers son pot pour se soulager.

Des problèmes qui ont toujours une solution

La propreté est difficile à acquérir, et la « conduite accompagnée » est la meilleure façon d'y parvenir. L'important est de souligner les réussites de votre enfant, sans jamais faire un problème de la question du change ou des lessives, ni un drame lors d'une petite régression. Au contraire, pour réussir ce petit défi familial, il sera bénéfique d'insister sur le plaisir de l'enfant à passer des périodes « sèches » de plus en plus longues.

La capacité de stockage de la vessie : 85 ml à 2 ans (l'équivalent d'une tasse à café), 200 ml à 4 ans (une grande tasse, soit un volume de stockage qui permet de passer la nuit au sec).

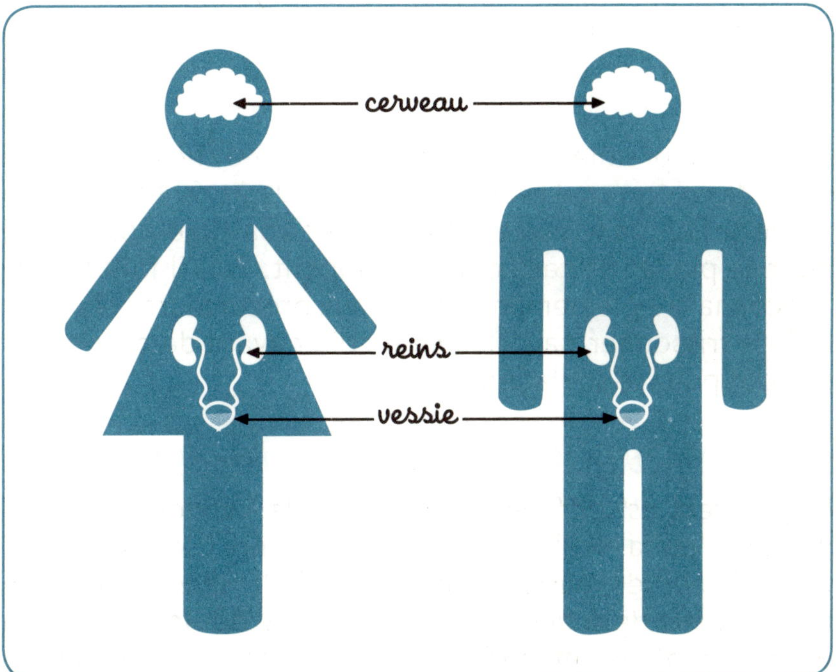

À l'intérieur de la vessie, des capteurs renseignent le cerveau sur le niveau de remplissage de la poche. Lorsque la moitié du volume total est atteinte, l'envie de faire pipi se déclenche.

Devenir propre, cela prend du temps

Il n'y a pas d'âge vraiment défini pour acquérir la propreté. Cet apprentissage est celui de votre enfant et doit être accompli à son rythme, sans qu'il soit forcé de faire comme le petit cousin qui a été propre du jour au lendemain ou comme vous qui ne portiez plus de couches à 18 mois. Trop de pression risque d'amener l'enfant à refuser de poursuivre l'aventure ou de le rendre anxieux à l'idée de mal faire. Faites-lui confiance et vous serez surpris de le voir délaisser ses couches chéries... au moment où vous ne vous y attendiez plus.

Pas de méthode miracle

Les enfants ne sont pas réglés comme des horloges et personne ne fait pipi ou caca sur commande. Sur vos conseils, le vôtre pourra bien sûr faire comme tout le monde et passer aux toilettes juste avant de sortir, avant d'aller au lit ou immédiatement au réveil. Mais si ce n'est pas le bon moment pour lui, inutile de laisser paraître votre angoisse ou votre contrariété. Soyez zen et tout se passera parfaitement. Faites-lui confiance. Le plus important est que son transit fonctionne bien !

L'apprentissage de la propreté diurne prend entre trois et six mois. Les filles ont tendance à y parvenir un peu plus vite que les garçons.

Quelques points de repère

Entre 15 et 24 mois
Les fréquences des pauses pipi s'espacent et se régularisent.

Vers 18 mois
L'enfant est capable d'indiquer à ses parents que sa culotte est mouillée.

Vers 24 mois
L'enfant identifie ce qu'il ressent, signale son envie à ses parents.

Vers 36 mois
L'enfant devient propre dans la journée et pendant la sieste.

À 4 ans
L'enfant est propre de manière autonome dans la journée et commence à ne plus porter de couches la nuit.

Entre 5 et 7 ans
Il fait pipi toutes les trois ou quatre heures dans la journée. Il parvient à rester au sec, très régulièrement, la nuit.

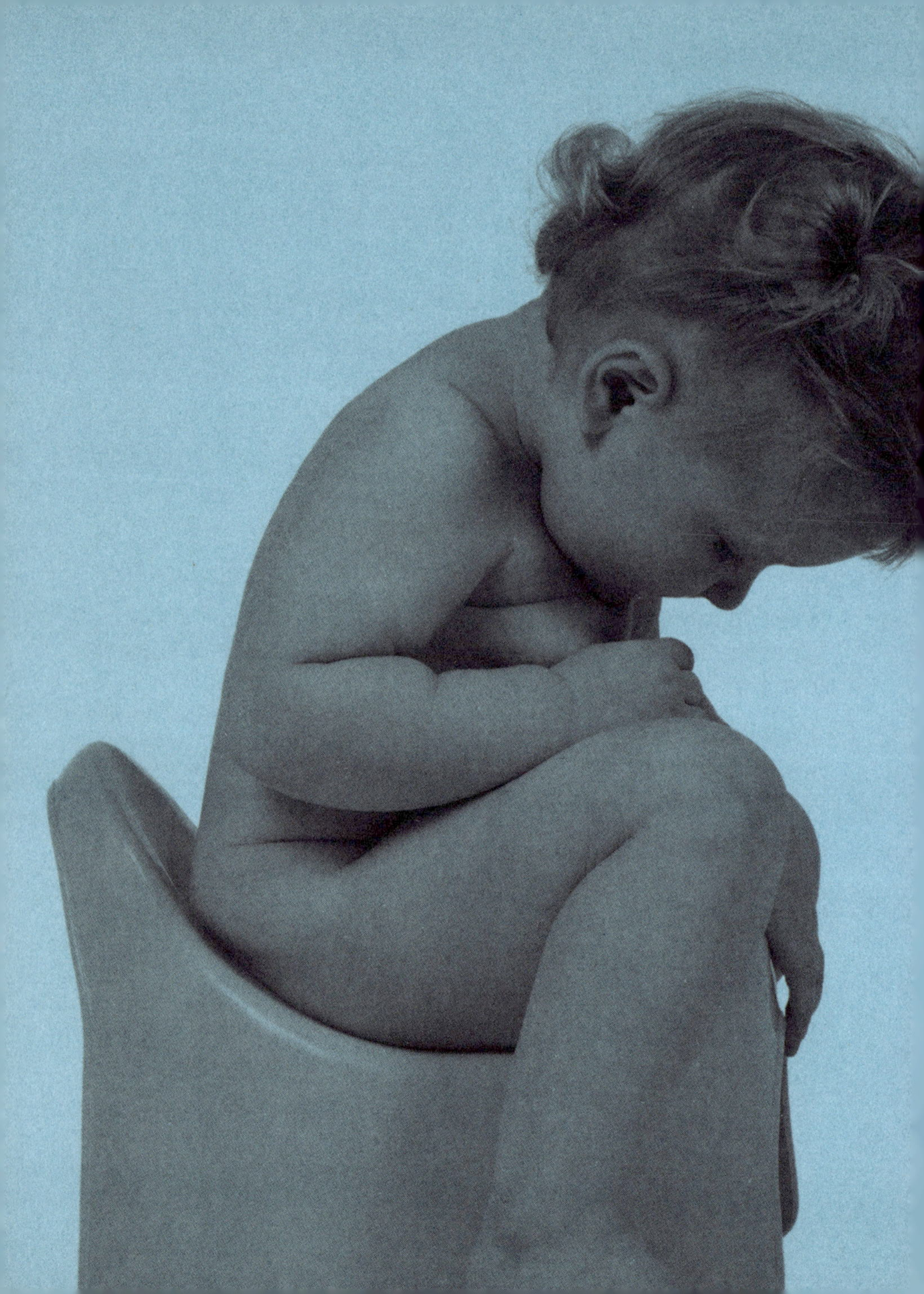

15-18 mois

Pas encore prêt ?

RIEN NE SERT DE COURIR, il faut partir à temps. Voilà bien un proverbe qui s'adapte à merveille à la première étape de la propreté. Préparez-vous donc à lever le drapeau du départ dès que le petit curieux pousse la porte des toilettes ou s'intéresse à ce qu'il fait dans sa couche… Il est inutile de brûler les étapes, car faire pipi dans un pot avant 18 mois est un pur hasard et n'apprend rien.
À l'inverse, amener l'enfant à comprendre ce qui se passe dans son corps lorsqu'une envie survient, le laisser voir comment font les autres et à quoi servent les toilettes, c'est éducatif. Bien informé, il sera curieux de tester ses nouvelles capacités en s'installant sur son pot.

Petit coin... à jouer !

Apprendre à utiliser les toilettes en jouant

Louise, 18 mois, a trouvé une nouvelle façon de s'amuser. Dès qu'elle peut entrer dans les toilettes, elle jette ses jouets dans la cuvette. Elle assiste ensuite avec grand intérêt à leur repêchage par son papa ou sa maman.

« Puisque tu t'intéresses autant à cet endroit, si je t'apprenais à vraiment t'en servir ? » lui propose sa maman. Elle montre à sa petite fille, qui aime déjà jouer à la poupée, comment s'occuper de son baigneur qui a une envie pressante d'aller aux toilettes. Louise doit l'asseoir sur le siège des toilettes puis lui demander de faire pipi « pour de faux ». Elle l'essuie ensuite avec un petit morceau de papier-toilette et tire la chasse « pour de vrai ». L'activité pipi remporte un franc succès et se substitue aisément au jeu qui consistait à jeter des jouets dans la cuvette !

Les premiers signes indiquant que l'enfant est prêt pour l'apprentissage de la propreté :

- *il s'intéresse à ce qu'il fait dans sa couche ;*
- *il vous observe quand vous êtes aux toilettes ;*
- *il s'intéresse aux mots « pipi » et « caca ».*

AFIN QU'UN ENFANT se familiarise avec cet étrange objet qu'est une cuvette de W-C et apprenne la propreté en douceur, rien ne vaut le jeu. En jouant avec sa poupée, l'enfant apprend de nouveaux mots, « aller aux toilettes », comprend la fonction de nouveaux gestes, « tirer la chasse », et se familiarise avec un lieu jusque-là réservé aux grands...

Tout le monde fait pipi !

Comprendre ce que l'on fait dans les toilettes

Lors d'une visite au zoo, Hector, 18 mois, a été sidéré par l'énorme pipi qu'a fait la girafe sous ses yeux et par les grosses bouses malodorantes parsemant l'enclos des bisons. Dès son retour à la maison, il raconte à sa maman ces événements surprenants.

« Eh oui, tout le monde fait pipi et caca. Les animaux font par terre. Les mamans, les papas, les enfants, eux, vont dans les toilettes », lui explique-t-elle. Elle complète ces informations en lui montrant le chat de la maison au moment où il va faire ses besoins dans son bac. Elle laisse aussi de temps en temps la porte entrouverte quand elle est aux toilettes, tout en expliquant à son fils, qui reste derrière la porte, qu'elle est en train de faire pipi. Ces petites expériences accompagnées de mots simples vont permettre à Hector de se rendre compte de la manière dont on s'y prend quand on n'a pas de couches.

Montrer comment les animaux font leurs besoins, parler avec naturel de ses envies de faire pipi, permettre à l'enfant d'être dans les W-C ou devant la porte pendant qu'on y est l'aideront, sans trop d'explications savantes, à faire le rapprochement entre les besoins naturels et le lieu où on les fait.

Une étape à ne pas négliger : celle du plaisir du laisser-aller, du laisser-couler.
- *Il procure une certaine satisfaction à l'enfant ;*
- *il lui permet aussi de comprendre la différence entre le dehors (pas moi) et le dedans (moi).*

Pipi, caca, popo...

Lire des histoires où l'on parle du pot

Elsa, 20 mois, adore qu'on lui lise des histoires, c'est l'occasion pour elle de découvrir plein de nouveaux mots.

Son papa, pour la préparer à la propreté, lui a justement acheté un livre qui traite du sujet. Ensemble, ils détaillent chacune des images et commentent les aventures du petit héros qui va pour la première fois sur le pot. L'histoire passionne Elsa et, dès le lendemain, elle connaît son livre par cœur : elle pointe les situations, celle où le héros se tortille, celle de l'accident où il mouille sa culotte avant d'arriver sur le pot, celle où il fait caca par terre. Elsa raconte l'histoire à sa façon en lançant un tonitruant « pipi ! », « caca ! » ou « popo ! » pour décrire le point fort de chaque scène.

Les livres sont de formidables sources d'apprentissage pour l'éveil à la propreté. Avec des exemples amusants, ils montrent à l'enfant comment reconnaître les sensations liées à l'élimination du pipi et du caca et lui permettent de banaliser les petits accidents (pot renversé, culotte mouillée, refus d'aller sur le pot...) qu'il va bientôt expérimenter.

bon à savoir

Au stade oral, où le bébé dépend essentiellement de sa mère, succède le stade anal, qui commence à la fin de la première année :

- l'enfant découvre un certain plaisir à se contrôler ;
- il sait que se retenir ou se soulager fait réagir ses parents ;
- il use de ce nouveau pouvoir.

testé et approuvé

Multipliez les petits jeux pour aider votre enfant à bien comprendre les fonctions du pot :

■ Offrez-lui un pot miniature pour qu'il joue à y asseoir ses poupées ou ses ours qui y feront pipi.

■ Donnez-lui des lingettes pour qu'il essuie les fesses de ses poupées.

■ Enfilez une couche à l'un de ses gros nounours et demandez-lui de vérifier de temps en temps s'il l'a mouillée.

■ Apprenez-lui à s'asseoir sur un petit marchepied et à s'en relever sans aide.

■ Lorsque vous le déshabillez, laissez-le commencer à baisser son pantalon tout seul avant de l'aider à le retirer complètement. Apprenez-lui aussi à enfiler sa couche-culotte tout seul.

■ Si vous pensez qu'il n'a aucune idée de ce qui arrive lorsqu'il fait pipi ou caca, mettez des mots sur ce qui se passe quand vous le voyez devenir tout rouge ou s'arrêter brusquement de jouer pour se soulager : « Je crois que tu es en train de faire dans ta couche. »

■ Si, au contraire, il regarde sa couche ou la touche lorsqu'il est en train de faire pipi ou caca, réagissez en lui expliquant ce qui est en train de se passer.

■ Lorsque vous le changez, n'utilisez pas de mots négatifs pour décrire ses couches souillées. Employez chaque fois les mots pipi et caca pour qu'il comprenne bien ce qu'il a fait.

■ Si ses couches sont régulièrement sèches pendant plus de deux heures d'affilée, montrez-lui qu'il peut s'en passer de temps en temps.

Questions aux experts

Dr Marie-Noëlle Tardy, pédopsychiatre

Quel est le bon âge pour débuter l'apprentissage de la propreté ? Est-ce que certains signaux peuvent donner aux parents le signal ?

On peut débuter à partir de18 mois / 2 ans – idéalement l'été. Un repère important : il faut que l'enfant ait acquis la marche pour que les différents stades de son développement s'effectuent dans l'ordre. Lorsque l'enfant devient conscient de la sortie de ses selles ou de ses urines, les parents peuvent commencer l'apprentissage. Certains enfants trouveront ces phénomènes très drôles, d'autres seront effrayés de perdre une partie d'eux-mêmes… Le parent doit rassurer et rester très détendu face à cette question de la propreté, très naturelle.

Certaines méthodes incitent les parents à laisser les enfants sans couches, même très jeunes. Est-ce que cela les rend plus rapidement propres ?

Dans la journée, laisser un enfant entre 18 mois et 2 ans et demi se promener en petite culotte lui permet effectivement de mieux prendre conscience de son fonctionnement naturel. Il peut ensuite essayer d'arroser volontairement les coccinelles ou apprécier de se rendre sur le pot, environ toutes les deux heures, comme une activité ludique. De grandes félicitations valoriseront l'enfant. Tous les ratés devront rester sans importance.

À l'inverse, ne pas repérer les signaux et démarrer tardivement l'apprentissage de la propreté peut-il le ralentir ?

Oui bien sûr. Le développement instinctuel de l'enfant est un très bon guide pour ses parents. Respecter les nouvelles demandes naturelles de l'enfant est une priorité. Il importe de savoir en prendre conscience, de les entendre, puis de les cadrer en fonction de l'âge réel et des possibilités d'autonomie de l'enfant en rapport avec la sécurité.

Stéphanie Nadouze, directrice de crèche

À partir de quel âge les parents commencent-ils à parler de la propreté ? Quels conseils leur donnez-vous ?

Le sujet de la propreté est abordé par les parents dès que leur enfant entre en grande section de crèche, c'est-à-dire l'année précédant l'entrée à l'école maternelle. À partir de janvier ou février (au moment de l'inscription à l'école), on sent que les parents sont très concernés par ce sujet et

certains laissent apparaître une certaine inquiétude. En effet, beaucoup craignent que leur enfant ne soit pas autorisé à entrer à l'école s'il n'est pas propre en septembre. Souvent, et malgré eux, ils transmettent une part de leur angoisse à leur enfant qui comprend que c'est un enjeu important... et parfois problématique. Il arrive que l'enfant en joue et refuse d'aller sur le pot à la maison alors que, à la crèche, il y va fréquemment et sans aucune difficulté.
Dans tous les cas, cet apprentissage doit avant tout commencer à la maison et être initié par les parents. À la crèche, notre rôle est de poursuivre ce qui a été débuté à la maison. En revanche, nous pouvons aussi inciter quelques parents à démarrer cet apprentissage lorsque l'on perçoit chez leur enfant un désir d'être propre.
Lorsqu'une majorité de « grands » sont propres en cours d'année, les parents dont les enfants ne le sont pas encore sont inquiets et se sentent démunis face à ce « retard ». En réalité, il n'est pas question de retard et nous les rassurons sur ce thème. Chacun son rythme ! L'enfant deviendra propre lorsqu'il aura le désir de devenir grand. C'est tout un processus psychique et physique qui se met en place.

Les couches qui s'enfilent comme des culottes, est-ce une bonne idée selon vous ?

Personnellement, je ne le pense pas car l'enfant se sent perdu et les repères se brouillent. Il porte une couche, mais qu'il doit considérer comme une culotte, et donc on lui demande de ne pas faire pipi dedans et d'aller sur le pot ! Autant effectivement jouer le jeu et lui acheter de vraies culottes, avec par exemple des motifs qu'il aura choisis. Éducateurs comme parents, n'ayons pas peur des petits ratés et autres accidents. C'est normal !

Au moment de l'apprentissage, comment s'organisent les débuts sans couches à la crèche ? Comment gérez-vous les petits accidents ?

Les débuts sans couches sont toujours chaotiques. Il y a bien évidemment au moins un « loupé » par jour ! Mais qu'importe ! Il est souhaitable de ne pas mettre l'enfant face à une situation d'échec, mais de l'encourager et de le rassurer : « Ce n'est pas grave du tout, parfois cela arrive. Tu ne t'en es pas rendu compte car tu jouais bien. Ne t'inquiète pas, je vais te changer. »
Nous demandons aux parents de prévoir un peu plus de vêtements de rechange et, de notre côté, plusieurs fois par jour, nous invitons l'enfant à aller faire un tour aux toilettes. L'espace W-C est un espace ouvert, très accessible, de manière à ce que les enfants puissent y aller facilement et librement.

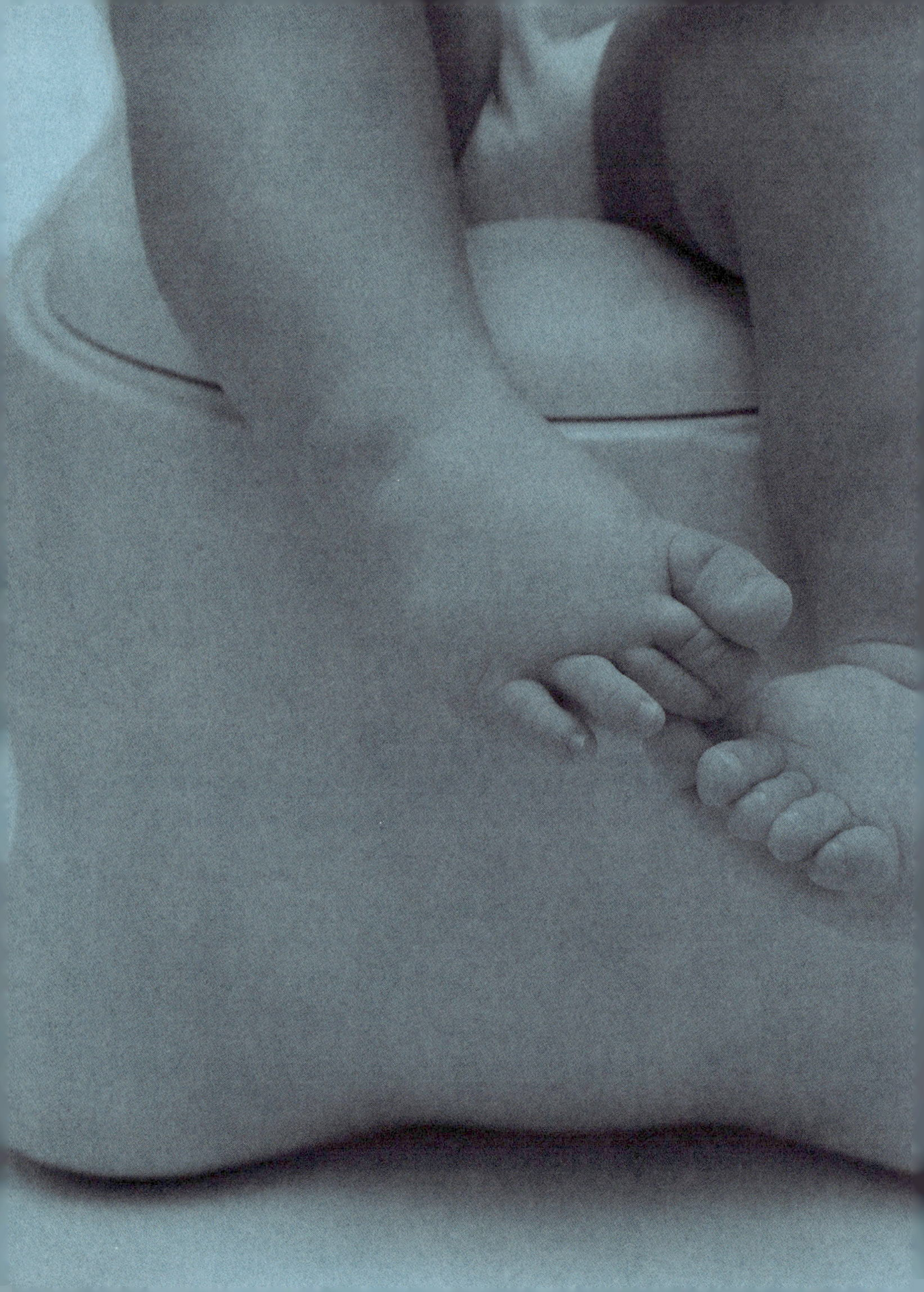

2-3 ans

L'ATELIER DES PARENTS

QUESTIONS AUX EXPERTS

Les débuts sur le pot

ÇA Y EST ! LE POT FAIT PARTIE DU PAYSAGE FAMILIER DE VOTRE ENFANT. Il a compris que ce n'était ni un casque pour jouer au soldat ni une baignoire pour sa poupée. Mais ce n'est pas pour autant qu'il va du jour au lendemain bien l'utiliser. Car faire dans son pot nécessite un cheminement mental élaboré : dès qu'une envie se fait sentir, l'enfant doit la percevoir, se retenir, puis, une fois arrivé aux toilettes, s'asseoir et soudain tout relâcher... Avouez que les premières réussites méritent d'être signalées et encouragées. Comme dans tout apprentissage, les rituels seront les bienvenus pour que l'enfant apprenne à rendre visite à son pot avec entrain.

2-3 ans

L'heure, c'est l'heure !

Première habitude

Depuis une semaine, la maman de **Paul, 2 ans**, a un œil sur sa montre, tous les jours, en début de soirée. Elle a remarqué que c'est toujours avant le bain que Paul fait caca dans sa couche.

À partir de 18 heures, sa maman lui enlève sa couche et lui enfile un slip. Elle instaure aussi un nouveau rituel qui consiste en deux ou trois petites séances de lecture sur le pot avec des livres qu'elle réserve uniquement à ces séquences d'apprentissage. Presque chaque fois, le but est atteint. Paul reste assis sur son pot assez longtemps pour faire caca. Une première étape qui le satisfait. À l'inverse, il déteste salir son joli slip et râle quand sa maman ne lui glisse pas assez rapidement son pot sous les fesses au bon moment.

Chaque chose en son temps ! L'étape du caca dans le pot est la première à mettre en place. C'est en effet la plus facile, car les enfants ont souvent des horaires très réguliers pour cela. Un apprentissage qui semblera toujours plus amusant si l'on partage avec eux une activité « spécial pot ».

L'enfant fait le plus souvent caca le matin.

- *C'est une réaction physiologique de l'intestin après une longue nuit de jeûne.*
- *Il est inutile en revanche de demander à l'enfant d'« essayer » de faire caca le matin : les enfants le font quand ils en ont besoin.*

Les rendez-vous du pipi

Instaurer des petits rituels

Camille, 2 ans et demi, est en programme d'« entraînement sans couches ».

Pour parer les accidents, sa maman a tout prévu. Pendant le week-end, Camille porte un pantalon de jogging facile à baisser, et sa maman prévoit des pauses pipi fréquentes et régulières : avant de sortir dans le jardin et en rentrant, avant d'aller faire les courses, juste avant le déjeuner... Il y a bien sûr quelques mini-fuites, mais cela permet à Camille de prendre une bonne habitude : aller faire naturellement un tour aux toilettes à des moments précis de la journée. Cela évite aussi que sa maman ne lui demande sans cesse si elle a besoin d'y aller.

CE PROGRAMME d'apprentissage est excellent, car il prépare au rythme de la journée à l'école maternelle. À l'inverse, il est déconseillé de passer son temps à vérifier si la culotte est sèche. C'est à l'enfant de prendre l'initiative de vous avertir s'il est mouillé et a besoin de changer de vêtements.

Les muscles sphinctériens se renforcent progressivement :

- il faut quelques mois pour qu'un enfant apprenne par un réflexe volontaire à maîtriser les fonctions de rétention et d'expulsion ;
- l'enfant arrive à contrôler les muscles de ses intestins avant ceux de sa vessie.

Petit coin de paradis

Choisir le bon matériel

Chloé, 2 ans et demi, aime beaucoup son pot. Elle le trimballe un peu partout dans la maison, s'en sert comme piscine pour ses poupées, pour ranger ses balles, mais jamais pour faire pipi !

C'est au cours d'un week-end que son papa l'incite à l'utiliser à bon escient. Il lui a préparé une surprise : deux jolis pots roses sont installés dans la salle de bains. Sur l'un d'eux trône une poupée avec laquelle, comme il le lui conseille, elle pourra discuter tout en faisant pipi. Dès le lendemain, après le réveil et après les repas, Chloé va retrouver son « amie du pipi » et met au point un cérémonial... Elle assied d'abord sa poupée sur son pot avant de s'installer sur le sien. Elle « ordonne » à sa collègue de faire pipi, puis montre l'exemple...

SAUF SI L'ENFANT s'y oppose, il est préférable de laisser le pot dans les toilettes ou dans la salle de bains... Son apprentissage sera facilité si l'enfant associe une fonction corporelle à un lieu toujours identique, de préférence calme et retiré où rien ne risque de le distraire.

Le pot permet de se sentir plus autonome que sur des toilettes « de grand » :
- *il est facilement accessible ;*
- *l'enfant s'assied et se relève tout seul ;*
- *il voit très précisément ce qu'il fait.*

« GPS » pipi !

L'encourager à aller aux toilettes

Le papa de **Dimitri, 2 ans**, fait couler un bain pour son petit garçon et le laisse fesses nues. Mais si, pendant ce temps-là, le petit garçon a envie de faire pipi, il reste sur place en regardant les « flots » couler sur ses jambes, plutôt que de se précipiter sur son pot qui est dans les toilettes.

Le lendemain, pour lui montrer qu'il peut rejoindre le pot très vite, son papa lui propose un jeu. Dès qu'il sent une envie pressante, Dimitri doit faire comme s'il conduisait une voiture de pompiers pour aller aux toilettes, en partant chaque fois d'une pièce différente de la maison. Il comprend ainsi qu'il peut atteindre les lieux très rapidement. Un jeu qu'il s'amuse désormais à faire régulièrement avant son bain en imitant la sirène des pompiers et en faisant une pause pipi toujours réussie sur son pot.

Il est très bénéfique de laisser l'enfant quelques instants sur le pot, même si on arrive trop tard. Cela lui montre la différence entre l'inconfort d'un vêtement mouillé et le caractère pratique d'un pot bien adapté. Mais il ne faut jamais obliger un enfant à s'y installer.

Les mots qui font du bien :

« Bravo, tu as senti que tu avais besoin de faire pipi et tu m'as prévenu. »

« Tu sais déjà très bien reconnaître le signal du caca, tu ressentiras celui du pipi très bientôt ! »

« Tu as vu comme tu arrives désormais à bien te retenir ! »

testé et approuvé

■ Ne passez pas directement de l'achat du pot à son utilisation. Laissez d'abord l'enfant jouer avec lui, apprendre à s'asseoir dessus tout habillé et à se relever.

■ Votre enfant a besoin de tranquillité pour faire pipi ou caca ? Réservez un petit coin d'intimité en délimitant un emplacement précis pour son pot dans les toilettes ou dans la salle de bains. Vous pouvez également poser un petit tapis antidérapant sous le pot pour éviter qu'il ne glisse lorsque l'enfant s'y assoit.

■ Mettez des images au mur : un enfant sur le pot, une publicité pour le papier-toilette découpée dans un magazine. Laissez près du pot un petit bac à jouets ou quelques livres réservés à la pause pipi.

■ Si vous avez un poste de radio dans la salle de bains, mettez-lui un peu de musique dès qu'il est installé sur le pot.

■ Lors des débuts de l'apprentissage, restez près de l'enfant sans manifester d'impatience. N'oubliez pas que personne ne peut faire pipi ou caca sur commande !

■ S'il fait quelque chose dans son pot, félicitez-le, mais n'accordez pas trop d'importance à son contenu, car l'enfant risque de se balader avec ses « productions » dans toute la maison pour les faire admirer et se faire féliciter par toute la famille.

■ Pour qu'il aime la pause sur le pot, demandez-lui de vous chanter sa chanson préférée, faites-le rire en faisant une série de grimaces...

■ S'il refuse catégoriquement de s'asseoir sur le pot, n'insistez pas. Rangez-le et ressortez-le quelques semaines plus tard. En le forçant, vous risquez de lui donner envie d'en faire un jeu : celui de résister au pot !

■ Préférez le pot aux toilettes pour le tout début de l'apprentissage, car un enfant se sent plus en sécurité lorsqu'il peut poser ses pieds sur le sol. La chasse d'eau et le trou peuvent également l'effrayer.

■ Lors de ses débuts, ne lui faites pas trop d'éloges car les premiers pipis ou cacas sont souvent dus au hasard... Félicitez-le, en revanche, même s'il n'a rien fait, pour avoir réussi à s'asseoir seul sur le pot.

■ S'il a fait pipi dans son pot, laissez-le gambader quelques instants sans couches pour qu'il sente le plaisir d'avoir les fesses au sec et à l'air.

Premières semaines sans couches à la maison

C'EST TRÈS AGRÉABLE DE QUITTER SES COUCHES pour gambader et sautiller en culotte. Hélas, c'est nettement moins drôle lorsque des fuites surviennent ! C'est mal ? C'est sale ? Non, c'est normal ! et, heureusement, papa et maman ne vont pas en faire toute une histoire. Ils sont là pour réconforter et pour apporter immédiatement une solution adaptée à la situation. Le pot bien accessible, la pile de culottes propres, les invitations à aller faire un petit tour aux toilettes, et le calme lorsque les petits accidents surviennent aideront l'enfant à ne s'occuper que de l'essentiel : comprendre le mieux-être physique que l'on ressent à vivre sans couches.

C'est pas grave !

Dédramatiser les accidents

Les parents de **Charles, 2 ans et demi**, profitent d'une semaine de vacances pour lancer l'opération « sans couches ». Mais, après avoir gambadé en culotte tout joyeux pendant un bon moment, il inonde soudain le tapis et fond en larmes.

« Ce n'est pas grave », s'exclament en chœur ses parents. Et ils montrent à Charles qu'ils ont des tas d'astuces pour l'aider dans son nouvel apprentissage. Ils roulent le tapis, laissent la porte des toilettes, où se trouve le pot de Charles, toujours grande ouverte, ont un rouleau d'essuie-tout dans chaque pièce de la maison pour essuyer d'éventuelles petites flaques... Charles est content de se voir ainsi soutenu. Les échecs sont nombreux, mais seules ses réussites sont remarquées et saluées. C'est ce qui va l'amener à demander à faire pipi de plus en plus souvent... au bon moment.

Rouler les tapis, se procurer un stock de rouleaux d'essuie-tout, de lingettes et de culottes... Voilà le bon matériel pour bien accompagner le jeune apprenti. Au cours de cette période un peu délicate, l'enfant doit comprendre que ses parents sont là pour l'épauler. Il faut donc éviter les commentaires négatifs et être prolixe en félicitations à chaque réussite.

Les mots qui font du bien :

« On va vite enlever tout ça » plutôt que : « Tu es tout sale ! »

« Ce n'est pas agréable d'être mouillé » plutôt que : « C'est dégoûtant de faire pipi dans sa culotte. »

« Ce n'est qu'une petite flaque de pipi de rien du tout ! » plutôt que : « Tu as sali le tapis ! »

À l'abordage… des toilettes !

Adapter l'apprentissage à ses jeux

Depuis peu, **Cyril, 2 ans et demi**, ne porte plus de couches à la maison. Comme il est en pleine phase d'opposition, il refuse catégoriquement de suivre sa maman ou son papa pour aller sur le pot lorsqu'il est en train de jouer, ce qui entraîne de petits accidents.

Ses parents décident de profiter de sa passion pour les pirates pour essayer de régler le problème. « Je crois que tu devrais aller voir si ton bateau n'est pas en train de se faire attaquer », le prévient son papa, lorsqu'il veut que son fils aille sur le pot transformé en bateau pirate grâce à quelques autocollants. Cyril, qui n'attend que ce signal, coiffe son chapeau de pirate, prend son épée et file aux toilettes. Caleçon baissé, les fesses bien calées dans son « bateau », il fouette l'air de son sabre… tout en faisant pipi. Il ne refuse désormais plus jamais d'aller aux toilettes.

Attention à ne pas se lancer dans la guerre de la propreté en poursuivant l'enfant le pot à la main ! Il risque de mal vivre cette situation et de se braquer. Aller sur le pot doit être vécu comme une expérience agréable, et les jeux sont toujours les bienvenus pour apprendre à y rester le temps nécessaire.

Mettre trop de pression encourage l'enfant à s'opposer :

- il voit que son refus d'aller sur le pot affecte ses parents ;
- il remarque que ce qu'il fait dans son pot fait l'objet de louanges ou est considéré comme un exploit ;
- ses visites sur le pot deviennent des symboles du contrôle qu'il peut exercer sur ses parents.

À bas les couches !

Quitter le confort des couches

Anna, 2 ans, est une adepte des couches. Elle sait même les enfiler toute seule. Mais sa maman, qui a repéré qu'elle les mouillait de moins en moins souvent, a décidé de les remplacer par des culottes.

« Tu vas découvrir les plaisirs de la vie sans couches », lui dit-elle. Elle lui enfile une culotte avant de la laisser à son activité favorite : danser sur le tapis en écoutant de la musique. Les jours suivants, elle lui demande de choisir entre la couche qui, lui dit-elle, la fait danser comme un gros ours, ou la culotte, qui lui permet de tournoyer gracieusement comme un papillon. Anna choisit sans hésiter la culotte, avant de s'élancer sur le tapis pour la séance de danse qui comprend un entracte avec un passage obligé sur le pot.

Grâce au confort des couches actuelles, l'enfant se sent rarement mouillé. Il faut donc valoriser les facilités de mouvements que procure la culotte. L'enfant, en gambadant avec une culotte ou un caleçon fin, se rendra vite compte de tous leurs avantages.

Apprendre à se passer de couches est un processus qui s'étale sur trois à six mois :

- *tout est affaire de motivation à « devenir grand » ;*
- *certains enfants passent immédiatement aux siestes et aux nuits sans couches ;*
- *d'autres envisagent l'étape de la nuit sans couches bien plus tard.*

C'est bien d'être au sec !

La continuité dans l'apprentissage

Emmanuel, 2 ans et demi, oublie régulièrement d'aller sur le pot, et sa maman, lassée d'éponger les mares de pipi, est bien tentée de lui remettre des couches.

La nounou, qui le garde avec trois autres enfants du même âge, est étonnée quand la maman lui parle du problème. Chez elle, Emmanuel fait partie de ceux qui mouillent rarement leur culotte. Peut-être faut-il adopter sa façon de faire afin qu'il ne s'embrouille pas dans les consignes des uns et des autres. Et ça marche ! Comme chez la nounou, un « pot de secours » est installé à la maison, tout à côté du tapis sur lequel le garçon passe de grands moments à jouer avec ses voitures. Il n'a ainsi que quelques pas à faire lorsqu'il est pris par une envie pressante. Les toilettes, plus éloignées, seront, comme chez la nounou, utilisées pour les pauses pipi programmées avant et après les repas et la sieste.

Comme il est difficile de ne pas se laisser prendre par surprise par une fulgurante envie de faire pipi lorsqu'on est plongé dans un jeu ! D'où l'intérêt de multiplier les pots au tout début de l'apprentissage. Un petit coup de pouce qui permettra à l'enfant de se prouver qu'il est capable de se débrouiller tout seul.

Les mots qui font du bien :

« Bravo, tu as trouvé tout de suite ton pot » plutôt que : « Tu es un gentil garçon lorsque tu fais dans ton pot. »

« Montre-moi comment tu sais te débrouiller pour faire pipi tout seul » plutôt que : « Fais dans le pot pour me faire plaisir. »

testé et approuvé

■ Si votre enfant a du mal à arriver à temps aux toilettes, multipliez les pots de secours dans la cuisine, dans sa chambre et près de la porte d'entrée en cas de retour précipité pour cause d'envie pressante.

■ Même si l'enfant vous a averti un peu tard et a mouillé sa culotte, félicitez-le... de vous avoir prévenu. De même, ne le grondez jamais s'il a inondé le sol, au risque qu'il vous demande à nouveau ses couches qui le protègent si bien des fuites.

■ Mouiller sa culotte est une sensation désagréable qui donne naturellement envie d'aller sur le pot. Mais il ne faut pas prolonger l'inconfort. Lorsqu'il y a un petit accident, commencez par changer l'enfant, le nettoyage du sol ou du tapis passera après.

■ Demandez-lui de vérifier de temps en temps si sa culotte est sèche. S'il y a quelques gouttes, c'est le signe qu'il doit vite aller faire pipi. Cela lui rappellera également qu'il est bon d'aller de temps sur le pot s'il veut rester sec.

■ Lorsqu'il se sent prêt à quitter ses couches, faites des courses avec lui et laissez-le choisir ses premières culottes de grand.

■ Les couches qu'il va abandonner sont d'un confort extrême. Veillez à ce que ses premières culottes le soient aussi : en éponge, sans dentelles « qui piquent » et sans élastiques trop serrés.

■ Insistez sur les avantages de la culotte, qui est si facile à enfiler et si légère à porter, et laissez-le se promener en sous-vêtement dans la maison pour qu'il ressente son confort.

■ Si le fait de porter des culottes le rend vraiment malheureux, n'hésitez pas à lui remettre des couches. Il n'y a aucune honte à cela. Il faudra juste penser à ressortir les culottes quelques semaines plus tard.

■ Lorsque vous commencez à ne plus faire porter de couches à votre enfant, avertissez toutes les personnes qui s'occupent de lui. Expliquez-leur comment vous procédez, quels sont les mots que vous employez afin que tout se passe de façon identique, même lorsque vous n'êtes pas là.

■ Il arrive toujours un moment où il est plus pratique de remettre des couches à un enfant (lors d'un trajet en voiture ou d'une fête d'anniversaire), et vous ne pouvez pas toujours avoir l'œil sur lui.... Évitez que cela ne soit trop fréquent, car l'enfant aura du mal à comprendre pourquoi il y a des jours avec couches et des jours sans.

■ Pour l'enfant, être propre, c'est porter des couches. Il faut donc bien « vendre » les culottes en lui faisant très régulièrement des compliments sur sa tenue, tellement plus élégante sans le volume de la couche.

Apprentissages difficiles

VOTRE ENFANT EST À UNE PÉRIODE où il veut tout à la fois. Devenir grand un jour, rester bébé le lendemain, vous faire plaisir, puis vous tester en opposant un non systématique à chacune de vos demandes. C'est à vous de mettre de l'ordre dans tout cela en veillant à ce que l'étape de la propreté ne devienne pas un motif de querelles ou d'inquiétude. Soyez bienveillant s'il veut se faire chouchouter ou remettre des couches à l'arrivée d'un petit frère. Restez confiant et ne laissez pas paraître votre contrariété lorsque vous le voyez se cacher pour faire caca dans sa couche. Il se lassera de lui-même et modifiera son comportement pour avoir le plaisir de passer du côté des grands.

Caca-relax

Besoin d'intimité

Rémi, 3 ans, est maintenant propre…
ou presque car il a encore besoin d'une couche, le soir, juste pour faire caca. Il va alors se cacher derrière la porte de sa chambre pour se soulager en toute intimité.

Son papa essaie de l'amener en douceur à aller sur le pot. Désormais, il le laisse sans couches mais, derrière la porte de sa chambre, il pose une couche-culotte à côté d'un pot. Le petit garçon peut donc, s'il le veut, enfiler sa couche dont il a encore parfois besoin pour se sentir bien ou aller sur le pot.
Une petite réussite qui sera soulignée par son papa chaque fois.

Il est important de respecter les besoins de l'enfant, son rythme pour adopter définitivement le pot, comme son besoin d'intimité. Dans cet apprentissage au long cours, il faut accepter que l'enfant se sente parfois sécurisé par le port d'une couche.

> Rien ne sert de forcer un enfant à un âge où :
> • il aime à contrôler les choses ;
> • il est parfois gêné et surpris par ce qui sort de son corps ;
> • il risque de se bloquer s'il voit que le sujet angoisse ses parents.

Trop tôt

Remettre l'apprentissage à plus tard

Sam, 2 ans, s'oppose souvent à ses parents, il multiplie les crises de colère, et le mettre sur le pot est toute une affaire. C'est son papa qui insiste le plus pour qu'il reste assis sur le pot. Cela finit souvent par un pipi par terre et des fâcheries…

« On range le pot ! » C'est un cri du cœur qui jaillit de la bouche des parents de Sam lorsqu'ils se rendent compte de l'effet négatif sur l'ambiance familiale de ces essais sur le pot. Ils décident d'attendre quelques semaines avant de relancer l'apprentissage. Après cette pause, Sam est tout content d'avoir à nouveau droit à son pot. Il est aussi plus disposé à apprendre, car la méthode a changé : même s'il ne reste désormais assis que pendant un tout petit moment et qu'il n'y a pas de résultat, personne n'en fait un drame.

S'IL REFUSE, NE LE FORCEZ PAS ! Surpris de vous voir contrarié il risque d'associer les pauses pipi ou caca à un moment affectivement difficile. Il résistera alors vigoureusement au pot. Cela peut durer plusieurs mois et retarder son apprentissage.

L'enfant n'apprend pas la propreté passivement, mais par une alternance d'essais et de mouvements de résistance par lesquels il teste la cohérence des conseils parentaux.

Je veux mes couches !

Régression à l'arrivée d'un bébé

Emma, bientôt 3 ans, était propre depuis plusieurs mois, mais l'arrivée d'un petit frère a tout bouleversé. Toute triste, elle veut que sa maman lui remette des couches.

Sa maman est attendrie par le coup de blues de sa petite fille. Elle la rassure tout d'abord en lui disant qu'elle la comprend, car beaucoup d'enfants ont, comme elle, quelques accidents à l'arrivée d'un bébé à la maison. Puis elle lui remet une couche tout en lui signalant qu'elle n'est pas vraiment utile, car, la plupart du temps, elle reste sèche. Très vite, tout rentre dans l'ordre, et Emma reprend goût au plaisir d'avoir les fesses au sec dans sa culotte de grande, bien plus pratique que la couche de son petit frère.

La venue d'un bébé projette tout d'un coup le plus jeune de la famille dans le monde des grands. Le refus de grandir, l'anxiété de se faire voler sa place de petit dernier entraînent souvent une légère régression. Faire preuve de compréhension, ne montrer aucune déception, insister sur les réussites et féliciter remettront vite en place les bonnes habitudes.

Les mots à ne pas dire :

« Tu as mouillé ta culotte, tu es un vrai bébé. »

« Tu es trop grande pour mettre des couches. »

« Salomé a ton âge, mais elle ne met plus de couches, elle... »

À bas la culotte !

L'aider à surmonter sa peur

Agathe, 2 ans et demi, pleure chaque fois que sa maman lui met une culotte. Elle veut sa couche et enlève cette satanée culotte dès qu'elle le peut. Sa maman la laisse faire.

C'est son cousin, de deux ans son aîné, qui aidera à régler le problème. Quand il apprend qu'Agathe va bientôt aller à l'école, il se moque de sa couche qui apparaît sous sa robe. « À l'école, fini les couches », déclare-t-il. Aussitôt, Agathe retire sa couche et va chercher une culotte dans son placard afin de recevoir l'approbation du cousin qu'elle admire tant. Depuis, la culotte est définitivement adoptée.

MÊME SI UN ENFANT EST PROPRE et que ses couches sont toujours sèches lorsqu'on les lui retire, il a parfois peur de les quitter, car il se sent en sécurité dans ce petit nid bien confortable. Parfois il a peur de mouiller ses vêtements, d'où l'importance de dédramatiser les petites fuites et de le changer rapidement.

L'étape de la propreté est aussi celle de l'autonomie où l'enfant :
- *apprend à décider ;*
- *essaye de faire les choses par lui-même ;*
- *aime s'opposer à ses parents pour tester ses nouveaux pouvoirs.*

testé et approuvé

■ Certains enfants n'aiment pas être observés lorsqu'ils sont aux toilettes et se retiennent. Dans ce cas, il faut préserver leur intimité en les laissant pousser la porte et se débrouiller seuls s'ils le souhaitent.

■ Ne vous extasiez pas sur l'objet de sa digestion, ne montrez pas non plus d'inquiétude si le passage sur le pot ou aux toilettes n'a rien donné. Intéressez-vous plutôt à sa capacité à bien se débrouiller en allant aux toilettes tout seul (allumer la lumière, baisser son pantalon, s'asseoir…) et faites-lui comprendre que l'on se sent toujours plus léger après être passé aux W-C.

■ Ne promettez pas de récompenses. L'enfant se lasse vite de ce genre de petits avantages. Il faut juste lui expliquer tout le côté positif d'un passage aux toilettes : plutôt que d'être changé par papa ou maman, il est plus indépendant, plus libre de ses gestes, plus grand…

■ Si vous le sentez prêt à vous demander de porter à nouveau des couches à l'arrivée d'un bébé, motivez-le à rester du côté des grands en lui achetant des petites couches pour son ours ou pour sa poupée. « Entre parents », vous pourrez ainsi parler de tous les soucis que vous posent ces petits qui font encore dans leurs couches.

■ Ne lui montrez pas votre inquiétude à le voir soudain régresser. Il risque de se sentir coupable et de réagir de façon encore plus forte rien que pour attirer davantage votre attention.

■ Malgré une envie pressante, il se peut que l'enfant soit inquiet quand il se trouve dans des toilettes qu'il ne connaît pas. Ouvrez un robinet et faites couler l'eau. Le son déclenchera le pipi !

■ S'il s'oppose à l'idée d'aller sur le pot, rangez-le sans faire de commentaires. Reprenez l'apprentissage au début en lui lisant régulièrement des petites histoires d'enfants sur le pot, en lui montrant les publicités dans les journaux, à la télé ou sur Internet.

■ S'il préfère garder sa couche pour faire caca, laissez-le faire. L'apprentissage du caca dans le pot se fait parfois après celui du pipi.

■ Certains enfants aiment rester très longtemps sur leur pot et discuter. Laissez-les à leur occupation, à leur rythme, et ne les pressez pas en leur demandant si c'est bientôt fini.

■ Si vous pensez que vous avez démarré trop tôt l'apprentissage, l'épreuve de l'escalier peut vous permettre de le vérifier. On considère en effet qu'un enfant est capable de contrôler ses sphincters dès qu'il sait monter et descendre un escalier en mettant un pied après l'autre.

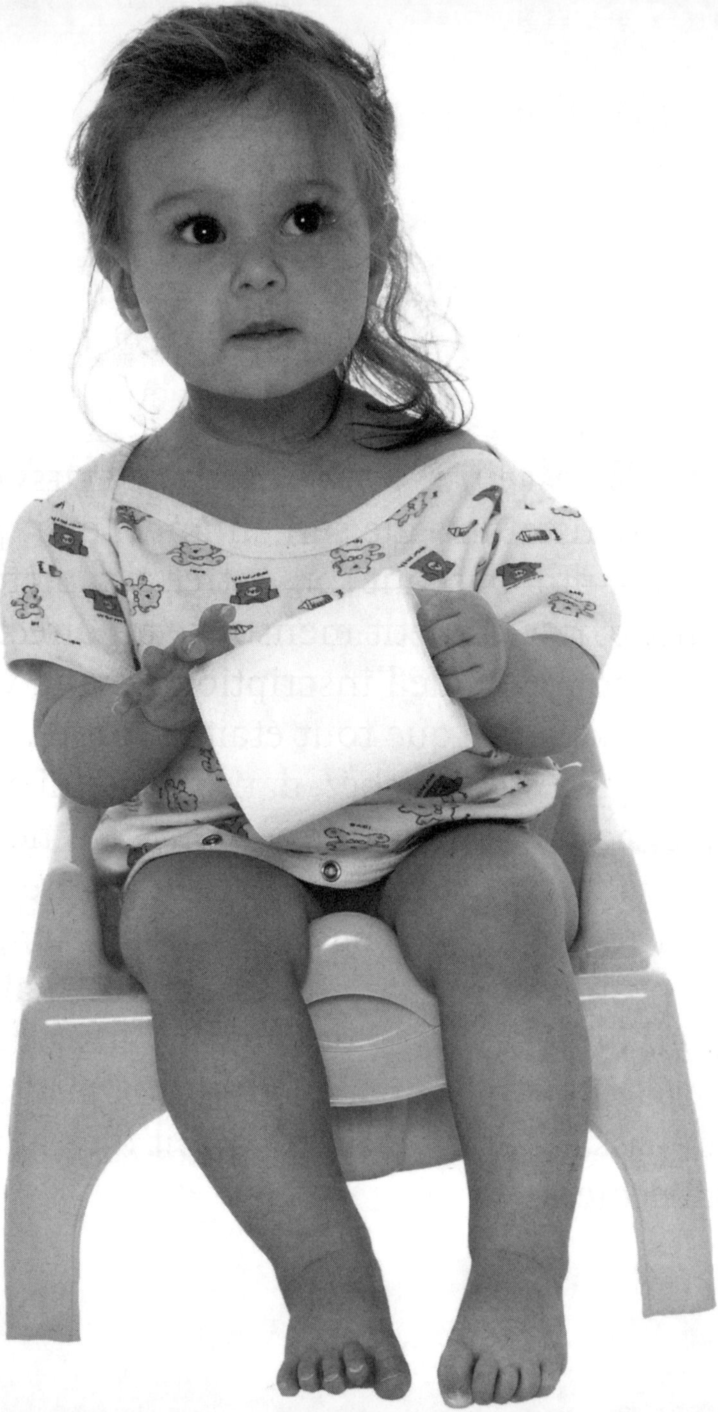

Prépa maternelle

QUEL PARENT N'A PAS RESSENTI DE STRESS en constatant que son enfant n'était pas encore propre avant son entrée à la maternelle ? Sans parler du petit mensonge au directeur de l'école, lors de l'inscription, quand vous lui avez assuré que tout était en ordre, même pour la sieste… Sachez, dans un premier temps, que, pour la plupart des enfants qui ne sont pas tout à fait propres, tout s'arrange après quinze jours d'école. Cela ne doit pas vous empêcher de peaufiner son apprentissage à la maison pour qu'il devienne de plus en plus autonome, sûr de lui et à l'aise de la tête aux pieds, en passant par la culotte, avant d'entrer à l'école.

Couche et culotte font bon ménage

Propreté alternée

Vincent, bientôt 3 ans, est presque propre et ne porte plus jamais de couches à la maison. Ce n'est pas le cas à la crèche, où les accidents sont si nombreux que les éducatrices ont dû lui remettre des couches pendant la journée.

Pour que Vincent continue son apprentissage, ses parents posent une limite claire entre la semaine à la crèche et le week-end, où Vincent passe deux jours sans couches. Il n'en porte pas non plus pour se rendre à la crèche, et, lorsque sa maman ou son papa viennent le récupérer le soir, ils lui enlèvent la couche qu'il porte avant de l'installer dans sa poussette. Vincent est toujours ravi de quitter ses couches et, arrivé à la maison, prend tout seul le chemin des toilettes pendant que sa maman fait couler son bain.

L'apprentissage de la propreté est l'affaire des parents et se fait souvent en collaboration avec les éducateurs de la crèche. Même si elles proposent des couches à ceux qui ne sont pas tout à fait propres – surtout pendant la sieste –, les puéricultrices veillent aussi à emmener régulièrement les « grands », qui sont presque propres, aux toilettes.

Les débuts de l'apprentissage de la propreté est pour l'enfant :
- *une source de fierté ;*
- *un signe de progression et de compétence qui le motive à persévérer.*

Vacances studieuses

Imiter les aînés

Les parents de **Luna, 3 ans**, n'ont plus qu'un mois devant eux pour qu'elle soit propre avant sa rentrée en maternelle. Par chance, ils sont en vacances dans la maison familiale avec d'autres enfants de la même tranche d'âge que leur fille.

L'équipement est de qualité : deux pots, un réducteur de toilettes, un marchepied… et un parent chargé d'accompagner régulièrement les enfants aux toilettes. Chacun en est à un niveau d'apprentissage différent. Les plus grands, « pros de la maternelle », ne sont pas avares de bons conseils et d'anecdotes autour du sujet. Le rire aidant à faire pipi, Luna n'a aucun problème pour arriver à un résultat à chaque passage aux toilettes et apprécie les pipis communautaires, comme à l'école.

Faire ensemble, suivre un exemple en s'amusant sont les meilleurs des apprentissages. Pour une fois, ce ne sont pas les parents qui donnent le tempo, mais les enfants qui font leurs essais en regardant les autres et en les imitant. Une méthode qui fait adopter les bons comportements rapidement et avec plaisir.

Les compliments qui font du bien et qui encouragent :

« Tu peux être fière de toi : pas un seul accident ce matin. Tu es prête pour l'école ! »

« Tu me signales très bien ton envie de faire pipi, il te suffira d'en faire autant avec la maîtresse. »

« Bravo ! tu es arrivé aux toilettes sans avoir fait la moindre goutte dans ta culotte ! »

Bye bye le pot !

Passer du pot aux toilettes

Mathis, 3 ans, est tout à fait propre à présent. Mais il y a un petit problème : il refuse obstinément de s'asseoir sur la cuvette des toilettes, même équipée d'un réducteur.

C'est en regardant Mathis jouer que son papa comprend la raison de ce blocage. Le garçon assoit l'un de ses ours qui a « envie de faire pipi » sur une boîte qui simule les toilettes. Il imite ensuite la voix de l'ours, qui avoue sa peur de tomber dans l'énorme trou, car ses pattes sont trop petites et ne peuvent pas toucher le sol… Cette petite scène convainc le papa de revoir l'équipement des toilettes. Il installe un marchepied, et le petit garçon, qui se sent désormais en sécurité, est ravi. Le pot est vite abandonné.

Il faut s'assurer que l'enfant est confortablement installé lorsqu'il passe du pot aux toilettes. Il change en effet de position et passe de la posture accroupie et confortable du pot à une station assise plus droite, plus haute, avec les jambes dans le vide. S'il est inquiet, restez à proximité pour le rassurer. Si ça ne va pas du tout, n'insistez pas. Laissez-le retourner sur son pot.

Les trois raisons les plus courantes qui peuvent expliquer pourquoi un enfant refuse soudain d'aller aux toilettes :

Il a glissé et a failli tomber dans le trou.

Il craint que l'abattant des toilettes ne lui tombe dessus.

Il a peur du bruit de la chasse d'eau.

Pré rentrée

Se familiariser avec les toilettes de l'école

En septembre, **Véra, 3 ans**, va faire son entrée en maternelle. Au mois de juin, pour se familiariser avec l'endroit, la directrice de l'école lui a proposé de passer une heure et demie en classe. Bien sûr, sa maman reste avec elle.

C'est elle qui s'occupe aussi de son passage aux toilettes. Elles s'extasient ensemble devant les petits W-C adaptés à la taille des enfants et remarquent que les lingettes sont les mêmes que celles utilisées à la maison. Véra observe ensuite avec intérêt l'Atsem* qui conduit un enfant aux toilettes. Très détendue, elle entame la conversation avec elle pendant qu'ils font pipi.

*L'Atsem (agent territorial spécialisé d'école maternelle) assiste la maîtresse notamment pour l'hygiène des très jeunes enfants.

IL EST UTILE d'expliquer à l'enfant le déroulement des pauses toilettes à l'école avant la rentrée. La journée d'adaptation permet aussi de découvrir les méthodes employées : dans certaines écoles, les enfants vont aux toilettes par petits groupes dans d'autres, ils y vont individuellement.

> **Le passage aux toilettes en maternelle apprend à l'enfant à s'affirmer.**
>
> *C'est une occasion :*
> - *de solliciter de l'aide ;*
> - *d'exprimer ses besoins ;*
> - *d'agir de façon autonome.*

Sieste au sec

Retirer les couches pendant la sieste

Alice, 2 ans et demi, est propre dans la journée, mais pas encore pendant la sieste. Sa prochaine rentrée à l'école va obliger ses parents à modifier certaines de ses habitudes.

Pour prendre le rythme de l'école, la sieste que la petite fille faisait immédiatement après le déjeuner est un peu repoussée. Elle joue pendant une demi-heure, va sur le pot, puis au lit sans couches. Dès qu'elle ouvre un œil, plutôt que de la laisser jouer un peu dans son lit, son papa ou sa maman accourt. Sans quitter son doudou, elle fait alors immédiatement une pause pipi sur le pot. Le rythme sera vite pris, et les accidents de plus en plus rares.

LES PIPIS AU LIT lors de la sieste se font le plus souvent au moment du réveil. Réagir vite permet de prendre les devants et d'éviter les accidents.

Les mots qui encouragent :

« L'école, pour commencer, ce sera le matin et, l'après-midi, tu joueras à la maison » plutôt que : « Tant que tu feras pipi dans ton lit, tu ne pourras pas aller à l'école l'après-midi. »

« Je suis sûre que tu vas réussir très bientôt » plutôt que : « Fais un petit effort, ce n'est pas compliqué ! »

« Ne t'inquiète pas. Même si tu as quelques accidents à l'école, tu ne seras pas la seule » plutôt que : « Retiens-toi sinon tu ne pourras pas aller à l'école. »

testé et approuvé

■ Choisissez le bon moment pour vous lancer dans l'opération « propre avant l'entrée à la maternelle ». Mieux vaut ne pas commencer si vous êtes sur le point de déménager, à l'arrivée d'un petit frère ou d'une petite sœur, si votre enfant multiplie les problèmes gastriques et les rhumes ou s'il est fatigué. L'idéal : une semaine de vacances à la maison où tout le monde est détendu.

■ L'été est la saison la plus propice à l'apprentissage de la propreté. Les enfants sont habillés plus légèrement, et les pipis vite faits en baissant sa culotte dans un coin du jardin rendent les débuts très amusants.

■ Si vous observez à plusieurs reprises que les couches sont sèches après la sieste, démarrez le programme « sans couches ».

■ N'hésitez pas à faire retentir tambours et trompettes lors de ses premières siestes sans couches. Suggérez-lui d'annoncer la nouvelle à sa grand-mère au téléphone ou de le dire fièrement le soir à son papa...

■ Pour l'aider à se mettre rapidement sur le pot après la sieste, laissez la porte de sa chambre entrouverte et jetez un coup d'œil. Dès qu'il commence à se réveiller, proposez-lui son pot. Signalez-lui votre fierté à chaque réussite sans oublier le bisou.

■ Apprenez-lui à bien tirer la chasse d'eau, car, à l'école, il va devoir se débrouiller seul.

■ Un enfant n'arrive pas à s'essuyer seul avant 4 ans, mais, dans certaines écoles maternelles, les élèves sont tenus de le faire. Habituez-le à s'essuyer comme il le peut, puis passez après lui si besoin !

Questions aux experts

Dr Marie-Noëlle Tardy, pédopsychiatre

« Chacun son rythme », nous dit-on concernant la propreté de l'enfant. Et pourtant l'école exige que tous les enfants soient propres au même âge. Est-ce contradictoire ? Est-ce mauvais pour l'enfant de se sentir pressé ?

Oui, chacun son rythme, mais pour la nuit seulement... ! Le sommeil et sa qualité ne sont pas contrôlables. L'énurésie nocturne dépend de la maturité neurologique et de la profondeur du sommeil : bon nombre d'enfants ayant un sommeil très profond feront pipi au lit longtemps. Pour ce qui concerne la journée, les choses sont plus faciles. Au même titre que pour l'acquisition de la marche, il existe des repères dans le temps pour les normes de l'acquisition de la propreté de jour. Une anomalie à ce niveau, repérée grâce aux exigences scolaires, permettra d'accéder à la consultation et de soigner tôt le problème, avec, de ce fait, plus de résultats rapides.

Refuser l'entrée à l'école à un enfant qui n'est pas propre ou ne l'accepter que le matin risque t-il de le blesser ?

Oui bien sûr, un petit enfant de trois ans est sensible à cette limitation d'accueil... Mais ce rappel effectué par l'école a le mérite de faire prendre conscience à l'enfant qu'il n'est plus un bébé et qu'il doit se comporter en grand. Parfois les parents en difficulté viendront en consultation. Un retard global, un trouble psychologique propre à l'enfant ou lié à sa relation à ses parents pourra être dépisté et traité.

Les enfants ont-ils vraiment besoin qu'on leur enlève leurs couches pour progresser ?

Oui, après 4 ans, il me paraît préférable d'ôter les couches la nuit, pour que l'enfant prenne mieux conscience de son état après avoir fait pipi dans son lit. La couche mouillée n'est pas désagréable pour beaucoup d'enfants, alors que le pyjama trempé et le drap à changer sont plus ennuyeux. Par contre, le parent devra s'abstenir de remarques négatives.

Les encouragements aident-ils vraiment l'enfant dans son apprentissage ?

Oui, absolument ! L'enfant qui choisit de grandir doit être valorisé. Il fait des efforts, abandonne des plaisirs de bébé, choisit de sortir de la passivité pour aller vers l'autonomie. Le féliciter et souligner ses réussites est très motivant et gratifiant.

Stéphanie Nadouze, directrice de crèche

Abordez-vous avec les enfants le sujet de la propreté à l'école maternelle ? Y a-t-il une sorte de préparation ?

Non, nous n'abordons volontairement pas le sujet avec eux. Ce sont les parents qui en parlent à la maison, et à la crèche, nous soutenons l'apprentissage par des gestes ou des encouragements, mais sans nous substituer au discours parental. Cela dit si, lors du « regroupement », un temps de parole quotidien, le matin, avec les enfants, l'un d'entre eux aborde le sujet, les éducatrices rebondissent et en parlent avec l'ensemble du groupe.

Maylis Marescot du Thilleul, enseignante en école maternelle

La propreté est une condition d'admission à l'école maternelle. Comment réagissez-vous face à un enfant qui multiplie les accidents ?

En effet, l'enfant qui rentre à l'école doit être propre. En pratique, cela veut dire qu'il ne doit plus porter de couches, pas que les accidents ne sont pas possibles !
Lorsque des accidents se répètent en classe, il s'agit souvent d'une régression passagère qui peut être due à de multiples raisons : la concentration de l'enfant est portée sur autre chose ; une attention particulière lui est demandée par l'enseignant ; un événement s'est passé à la maison…

Dans ce cas-là, l'enseignant doit veiller aux attitudes de l'enfant pour prévenir l'accident. Il peut, par exemple, interrompre l'activité en lui demandant s'il a besoin d'aller aux toilettes – cela permet à l'enfant d'écouter ses besoins physiologiques. Progressivement, l'élève va décider tout seul d'aller ou non aux toilettes.

Comment se déroule le passage aux toilettes en petite section de maternelle ? Y a-t-il d'autres habitudes à prendre lorsqu'on passe en moyenne et grande section ?

Nous encourageons la demande spontanée de l'enfant afin de l'aider à reconnaître et à écouter ses besoins. Cette démarche, qui les encourage à être autonomes, suit quelques règles bien particulières : l'enfant demande discrètement à l'enseignant l'autorisation d'aller aux toilettes (toujours très accessibles et ouvertes dans les écoles maternelles), il sort calmement et sans bruit de la classe – il peut bien sûr demander de l'aide – puis reprend son activité sans déranger les autres. Les interventions de l'enseignant sur ce sujet sont assez ciblées : il peut demander à l'enfant de patienter un petit moment en classe s'il y a déjà plusieurs enfants aux toilettes, ou insister avant la sieste pour que tous y passent les uns après les autres. Au fil de l'année, les enfants maîtrisent de mieux en mieux ces règles et demandent de moins en moins de l'aide lors de leur passage aux toilettes. Il s'agit bien d'un apprentissage de l'autonomie comme les autres ! En moyenne section, le déroulement change : les enfants apprennent à y aller à des moments précis, entre deux activités.

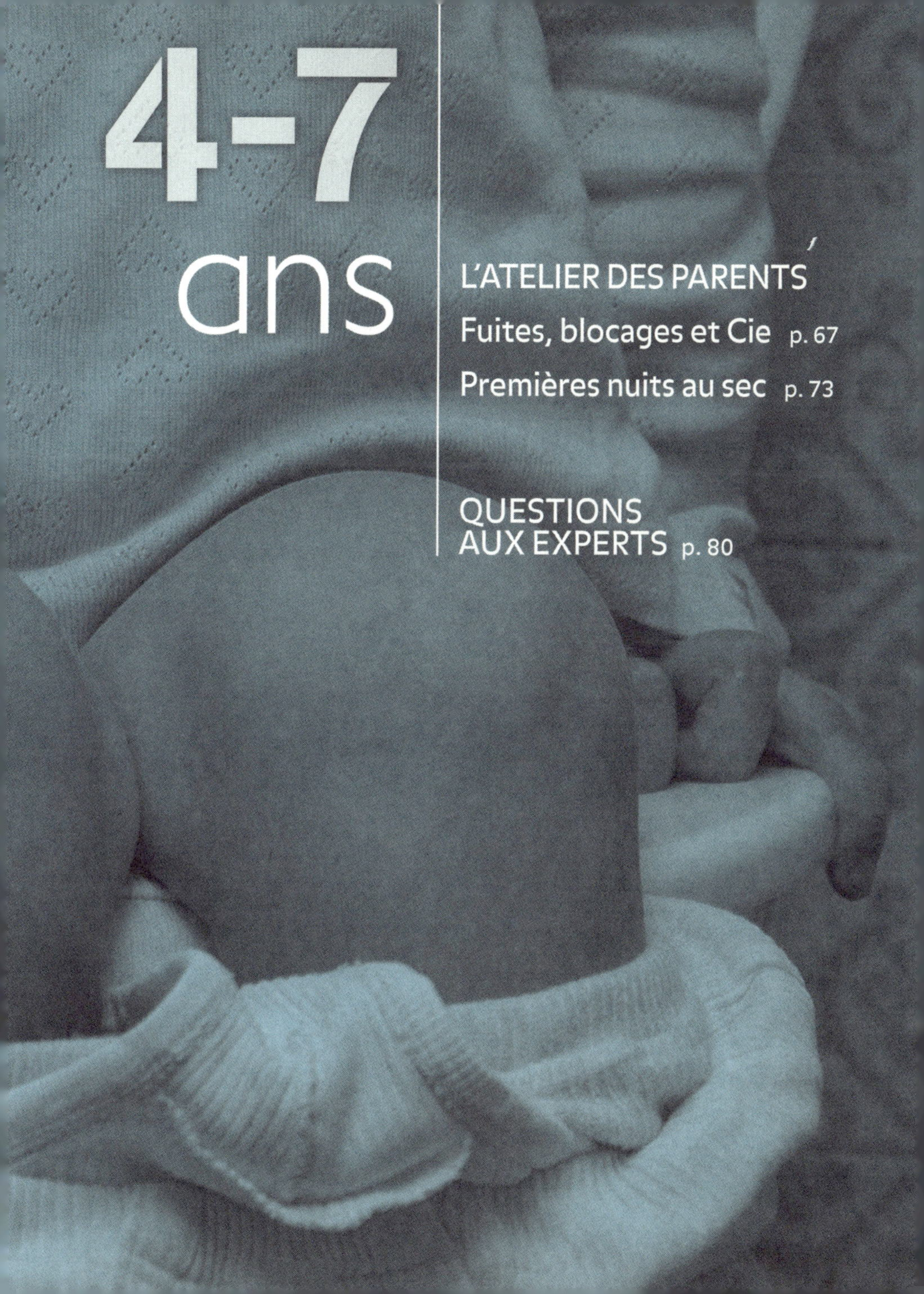

4-7 ans

Fuites, blocages et Cie

À L'ÉCOLE, CERTAINS ENFANTS n'osent pas demander d'aller aux toilettes, d'autres oublient ou n'aiment pas y aller en groupe. Et voilà que le système s'enraie, que le cerveau ne capte plus l'appel du pipi ou du caca. C'est donc à vous d'expliquer à votre enfant qu'il est important pour sa santé d'aller aux toilettes à l'école, même si elles sont moins plaisantes que celles de la maison, même si l'intimité laisse à désirer. Pour le convaincre, dites-lui que, lorsqu'on va aux toilettes en début de récré, on se sent libéré et qu'on joue mieux ensuite.

Serrez, serrez… relâchez !

Apprendre à se retenir

La maîtresse de Laure, 5 ans, remet à son papa, un soir, un petit sac contenant sa culotte mouillée. La petite fille n'a pas réussi à se retenir.

Laure, qui adore les explications savantes, écoute attentivement son papa : « Lorsqu'on veut se retenir, on serre les fesses, explique-t-il. Tous les muscles du bas de ton ventre sont serrés et le pipi ne sort pas. Tu as alors le temps d'aller aux toilettes. Il te suffit ensuite de faire un grand soupir pour te détendre, tes muscles vont alors se relâcher, et le pipi va sortir. » Laure, fière de son nouveau savoir, deviendra une pro des fesses serrées lorsqu'elle aura un besoin urgent.

Il est important de bien faire comprendre à l'enfant comment fonctionne son corps tout en insistant sur la sensation de bien-être que l'on éprouve après s'être soulagé. Cela lui évitera de trop se retenir et de ne plus reconnaître les signaux lui indiquant qu'il doit aller faire un tour aux toilettes.

Le bon rythme du pipi : environ toutes les trois heures, soit un minimum de cinq à six fois par jour.

Le bon rythme du caca : chacun a son propre rythme, une ou plusieurs fois par jour ou tous les deux ou trois jours.

Pipi stress

Éviter de trop se retenir

Romain, 4 ans, est un grand timide. À l'école, il n'ose pas demander, n'aime pas faire pipi devant les autres et a pris l'habitude de se retenir toute la journée.

La maîtresse, qui sait que Romain a du mal à prendre la parole, trouve un moyen pour éviter qu'il ne se retienne trop longtemps. Élu responsable des toilettes, il est chargé, trois fois par jour, d'aller vérifier s'il y a des lingettes et du papier dans les toilettes, sous l'œil de l'assistante maternelle. Il a ainsi la possibilité de profiter de ce petit moment rien qu'à lui pour se soulager.

Les petits commencent souvent à malmener leur vessie à l'école.
En se retenant trop longtemps, l'enfant risque de :
- *favoriser une musculation excessive des sphincters, qui auront du mal à se relâcher ;*
- *ne plus reconnaître correctement s'il a envie ou non.*

ENCOURAGER L'ENFANT à se débrouiller seul l'aide à se sentir à l'aise au sein d'un groupe. Si votre enfant n'ose pas dire à la maîtresse qu'il doit aller aux toilettes, aidez-le à dépasser sa timidité avec un petit jeu de rôle dans lequel vous serez la maîtresse. Il comprendra qu'elle accueille très bien sa demande.

Debout, les garçons !

Apprendre à faire pipi debout

Jérémy, 6 ans, a pris une grande décision. Il veut faire comme son copain qui est au CP et utiliser les urinoirs du préau, car ils sont plus aérés et sentent moins mauvais.

C'est bien sûr à son papa que revient la tâche de l'initier à l'art du pipi debout. Il lui apprend à lever le siège des toilettes quand il a envie de faire pipi, puis à bien viser. Pour cela, il lance un morceau de papier-toilette dans la cuvette qui fera une excellente cible. Un jeu d'adresse qui permet à Jérémy de ne pas arroser la lunette et de faire pipi debout avec les grands à l'école.

Il y a toujours un passage obligé dans l'apprentissage de la propreté où les garçons aiment imiter leur papa en faisant pipi debout. Une initiation qui n'est en rien indispensable. Dans les pays nordiques, la plupart des hommes ont désormais adopté la position assise sans que cela nuise à l'image de leur virilité !

Les raisons invoquées par les enfants qui évitent de fréquenter les toilettes à l'école :

- *ça sent mauvais ;*
- *il n'y a pas de papier-toilette ;*
- *la chasse d'eau n'est pas tirée ;*
- *les portes ferment mal.*

testé et approuvé

■ Perfectionnez l'apprentissage de votre enfant en lui apprenant les bons gestes d'hygiène : bien s'essuyer, dans le sens de l'avant vers l'arrière pour les filles, se laver les mains en sortant des toilettes. N'hésitez pas à lui faire un petit cours sur les microbes pour qu'il comprenne bien l'utilité du savon.

■ Les lingettes sont très pratiques pour qu'il apprenne à s'essuyer seul. Elles sont utilisées dans certaines écoles maternelles dans les petites sections, où l'on demande aux parents qui le souhaitent d'en apporter un paquet de temps en temps.

■ Dès qu'il sait se débrouiller seul, responsabilisez-le en lui demandant de veiller à ce que les toilettes soient accueillantes après son passage. S'il sait utiliser les toilettes, il est capable de tirer la chasse et de donner un petit coup de lingette sur le siège s'il l'a éclaboussé.

■ Veillez aux tenues pratiques. Certains enfants ne font pas pipi parce qu'ils n'arrivent pas à défaire le bouton de leur pantalon et n'osent pas demander de l'aide à la maîtresse.

■ S'il n'est pas très habile pour déboutonner un pantalon ou descendre la fermeture Éclair, proposez-lui de s'exercer à la maison sur différents systèmes d'attaches.

■ Lors de sorties ou de promenades, et si votre enfant a encore du mal à se retenir, emportez toujours un paquet de lingettes, certes pas écologiquement correctes mais bien pratiques, et un change.

■ Veillez à repérer les toilettes les plus proches en cas de besoin urgent (grand magasin, café, bibliothèque, musée...).

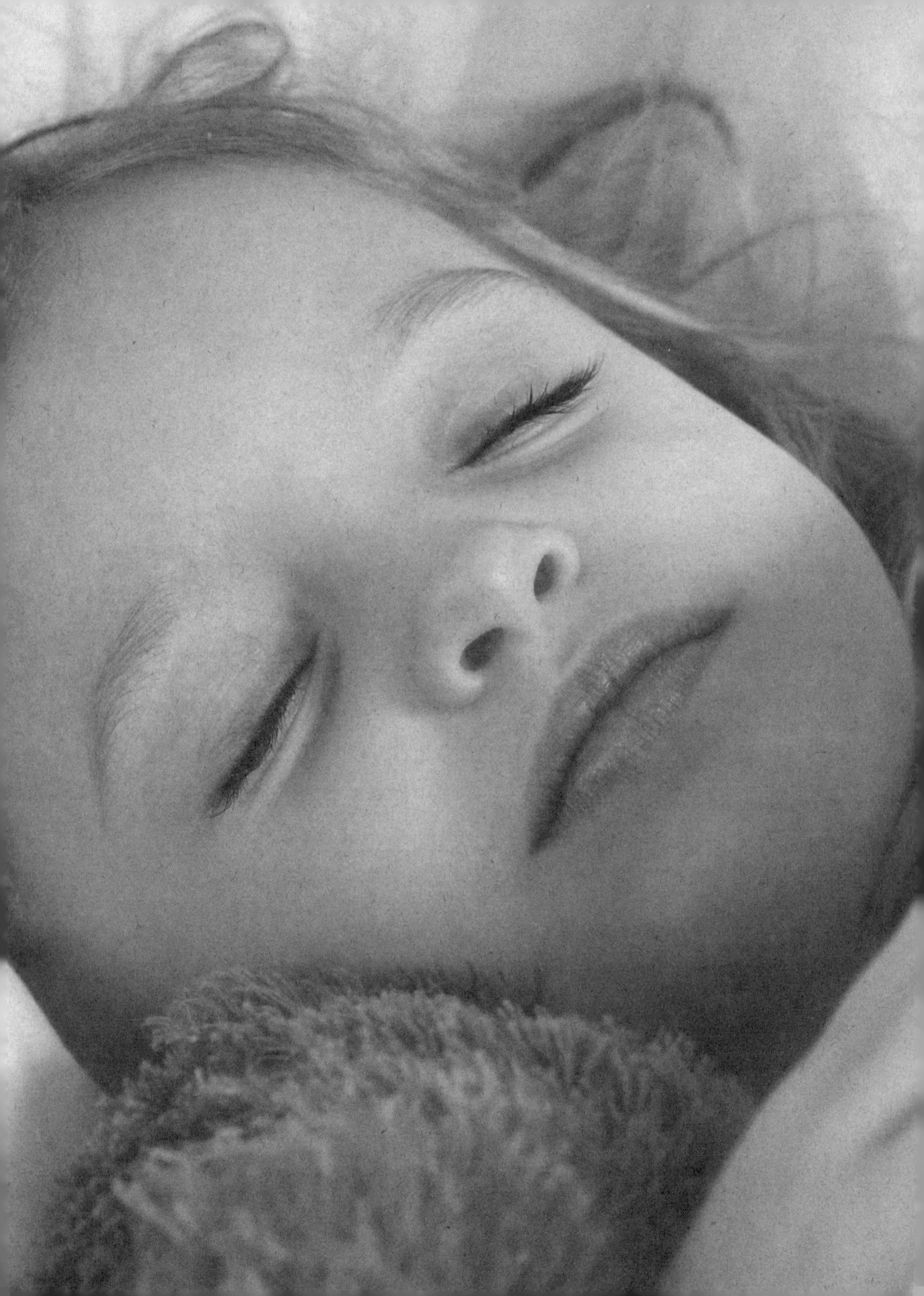

Premières nuits au sec

SE PASSER DE COUCHES POUR LA NUIT est une décision qui se prend à deux avec l'enfant. Si vous constatez que la sieste se passe sans fuites et que l'enfant se sent prêt pour ses premières nuits de grand, proposez-lui de laisser la couche dans le paquet. Votre rôle sera de le rassurer, de soutenir ses efforts et de lui donner des conseils pratiques. Dites-lui bien qu'une nuit au sec ne se réussit jamais du premier coup et que vous l'aiderez à relever ce défi, jusqu'à ce qu'il arrive à traverser la nuit d'une traite, sans arrêt pipi !

Les alliés du pipi de nuit

Premières nuits sans couches

Hélène, 5 ans, est impatiente de ne plus mettre de couches la nuit. Sa maman lui a préparé du matériel de qualité pour réussir ses premières nuits au sec.

Elles font ensemble, juste avant le coucher, la check-list des alliés du pipi de nuit : l'alèse, le pot près de la veilleuse, le pyjama de rechange et la clochette qui lui servira à appeler son papa lorsqu'une envie se fera sentir. C'est la clochette qui ravit le plus Hélène. Elle s'en servira plusieurs fois dans la semaine pour appeler son papa à la rescousse lors de subites inondations. « Ton roi du pipi s'est-il bien occupé de sa princesse cette nuit ? » lui demande sa maman au réveil. Peu à peu, les accidents s'espaceront, et Hélène agitera alors sa clochette uniquement pour demander qu'on la mette sur le pot ou qu'on lui allume la lumière des toilettes.

Ce n'est pas grave de mouiller les draps : voilà le message essentiel qu'un enfant doit retenir lors des premiers accidents nocturnes. Il faut encourager ses efforts et veiller à ce qu'il comprenne qu'une petite fuite, ce n'est ni sa faute ni de la mauvaise volonté de sa part, mais une étape obligée de l'apprentissage.

Les trois raisons principales qui déclenchent le pipi au lit :
- *un sommeil trop profond qui empêche de ressentir le signal du pipi ;*
- *une vessie qui n'est pas encore suffisamment grande et qu'il faut vider plus souvent ;*
- *une trop faible production nocturne des hormones qui régulent la production du pipi la nuit.*

Le dernier pipi

Se soulager avant la nuit

Arthur, 6 ans, fait beaucoup d'efforts pour ne plus faire pipi au lit. Il va aux toilettes juste avant de se coucher, ne demande pas à boire lorsqu'il est au lit. Et pourtant, il y a encore fréquemment des accidents.

Pour le rassurer, son papa lui explique que sa vessie est en train de grandir comme lui. Sa taille va bientôt être suffisante pour lui permettre de se retenir toute la nuit. En attendant, il lui propose de le réveiller, juste avant qu'il aille à son tour se coucher, pour un dernier pipi. Après ce petit rituel, Arthur replonge dans le sommeil et passe ses nuits bien au sec.

À CHACUN SON HABITUDE : faire un dernier pipi tard le soir, se réveiller à l'aube pour aller aux toilettes, puis se recoucher en attendant le moment de se lever pour aller à l'école.... Dans tous les cas, il faut que ce soit l'enfant qui demande à être réveillé et que ce ne soit pas vous qui l'obligiez à faire pipi à moitié endormi.

Faire pipi au lit concerne :

- un enfant sur deux entre 3 et 4 ans ;
- un enfant sur dix entre 5 et 10 ans ;
- un enfant sur cent après 10 ans.

Une affaire de famille

Accompagner l'enfant anxieux

Lorsque **Mehdi, 7 ans**, dort, il rêve souvent qu'il fait pipi pendant longtemps, longtemps… mais lorsqu'il se réveille, il se rend compte que cela est vraiment arrivé !

Il se trouve que son papa, lui aussi, a fait pipi au lit assez tard lorsqu'il était enfant. Se souvenant de son expérience, il propose à son fils une petite astuce qui lui avait été d'un grand secours. Juste avant de s'endormir, il se répétait une petite phrase : « Quand j'ai envie de faire pipi, je me lève et je vais aux toilettes », puis il se représentait la scène dans sa tête. Cela l'aidait à interrompre ses rêves pour aller aux W-C. La méthode du papa fera baisser l'anxiété du garçon et diminuera de façon notable les accidents.

Cela vaut parfois le coup d'essayer les techniques d'imagerie mentale. C'est une petite habitude facile à prendre, à laquelle on peut recourir quand on le veut. Lorsque cela donne des résultats, même occasionnels, la confiance en soi s'installe et incite à persévérer.

bon à savoir

L'énurésie est souvent héréditaire. Elle concerne :

- 75 % des enfants dont les deux parents ont fait tardivement pipi au lit ;
- 45 % de ceux dont un seul parent était dans ce cas.

Soirée pyjamas secs

Assurer quand on ne dort pas chez soi

Justine, 7 ans, est tout excitée. Pour la première fois, elle est invitée à dormir chez une copine. Mais elle hésite, car il lui arrive encore de faire pipi au lit de temps en temps.

« Et si tu invitais d'abord ta copine à dormir à la maison ? » lui propose sa maman. Justine est soulagée, et sa maman prévient les parents du changement de programme. Elle leur explique discrètement les angoisses de sa fille. Cela les fait bien rire, car leur fille, Sarah, a le même problème… mais aussi un bon truc. Lorsqu'elle va dormir chez une amie, elle emporte son sac de couchage où elle glisse une grande serviette de toilette. Elle n'a jamais eu besoin de l'utiliser, mais cela la rassure. C'est donc avec son duvet que Sarah viendra dormir chez son amie. Et la fois suivante, c'est à Justine d'adopter cette méthode. Résultat ? Des nuits au sec pour toutes les deux.

MANIFESTER un développement plus lent que les autres n'est pas facile à accepter, surtout lorsque cela fait longtemps qu'il n'y a plus aucun accident pendant la journée. C'est pourtant la principale cause de l'énurésie tardive, rarement provoquée par un trouble émotif ou physique.

Garçons et filles ne sont pas à égalité dans ce domaine : 70 % des enfants qui mouillent leur lit la nuit après 7 ans sont des garçons.

testé et approuvé

Petites précautions, grandes réussites.

■ Même si le matelas du lit de l'enfant est protégé par une alèse, glissez sous le drap une grande serviette de toilette.

■ S'il est encore petit et craint de ne pas avoir le temps d'aller aux toilettes, mettez un pot dans sa chambre pour la nuit. Pour qu'il le voie bien, laissez une veilleuse allumée et décorez le pot d'étoiles phosphorescentes qui brillent dans l'obscurité.

■ Lorsqu'il commence à prendre l'habitude de se lever seul pour aller aux toilettes, laissez une lumière allumée dans le couloir et la porte des toilettes entrouverte.

■ Si faire pipi au lit pose vraiment un problème à l'enfant, proposez-lui de muscler sa vessie en la contractant une ou deux fois quand il fait pipi dans la journée.

■ Veillez à ce qu'il ne boive pas trop avant de se coucher, en particulier les boissons gazeuses qui ont tendance à accélérer l'envie de faire pipi.

■ Si votre enfant passe une nuit chez un ami, prévenez les parents qu'il peut occasionnellement mouiller son lit. Responsabilisez-le en lui demandant, si cela lui arrive, d'aider au changement de draps.

■ Avant de partir en classe verte ou en colonie, s'il est inquiet à l'idée de mouiller son lit au cours du séjour, mettez au point avec lui un plan qui lui permettra de se sentir en sécurité :
– il se lève avant les autres ;
– il avertit discrètement les animateurs du centre de vacances qui ont l'habitude de gérer avec tact les petits incidents de ce genre ;
– il file ensuite à la douche.

■ Proposez-lui de mettre sur sa table de nuit une lampe de poche et de glisser un pyjama de rechange dans sa taie d'oreiller pour se changer discrètement la nuit.

■ S'il doit emporter son propre sac de couchage, vous pouvez y ajouter une doublure d'appoint (alèse en tissu éponge plastifié fixée avec du Velcro) qui sera plus pratique à laver que le sac de couchage.

Questions aux experts

Dr Bernard Bedouret, pédiatre

Qu'est-ce exactement que l'énurésie ? À quoi est-elle due ?

L'énurésie chez l'enfant est l'incapacité pour lui de contrôler volontairement la miction, c'est-à-dire l'émission de l'urine. On ne peut pas parler d'énurésie avant l'âge de 4 ans, voire 5 ans. 10 % des enfants de 5 à 6 ans sont énurétiques, et cette proportion baisse à mesure que l'enfant grandit – environ 1 % des enfants de 16 ans sont concernés. Lorsque l'enfant n'a jamais contrôlé ses mictions, on parle d'énurésie primaire. Si une période de contrôle a existé, il s'agit alors d'énurésie secondaire. Il arrive très rarement (mais c'est le rôle du médecin d'y penser) que l'énurésie s'inscrive dans le cadre d'un état malformatif – par exemple atteinte de la moelle épinière. Mais le plus souvent il s'agit d'un retard dans les processus maturatifs du développement. À la naissance, le nouveau-né puis le petit nourrisson ont des mictions involontaires. Progressivement l'enfant ressent le besoin de faire pipi et parvient à se retenir. En général cette acquisition se fait entre 2 et 3 ans, d'abord le jour puis la nuit, et les filles sont généralement un peu plus précoces que les garçons. Mais il existe de grandes variations individuelles et familiales. Sur ce sujet, comme sur d'autres, des facteurs culturels et les comportements collectifs jouent bien sûr un rôle. Et, incontestablement, l'usage quasi généralisé des changes jetables a retardé l'âge de la propreté.

Que pensez-vous des médicaments qui aident à lutter contre l'énurésie ? Y a-t-il d'autres moyens d'éviter les accidents ?

Il existe trois groupes de médicaments pour traiter l'énurésie : les antidépresseurs de la famille des imipraminiques (à faibles doses) – mais que, personnellement, je ne recommanderais pas à cause d'éventuels effets secondaires –, l'Oxybutynine qui est plutôt un médicament de l'immaturité vésicale utile en cas de mictions impérieuses, quand l'enfant n'a pas moyen de se retenir y compris dans la journée, et le Minirin qui est un analogue de l'hormone antidiurétique et qui peut aider l'enfant, notamment si son sommeil est « apparemment » si profond qu'il ne parvient pas à se retenir. Il n'y a pas d'accoutumance à ces médicaments, mais il est néanmoins indispensable d'en parler avec son pédiatre afin de connaître leur mode d'action, de respecter les schémas d'utilisation et de bien évaluer leurs contre-indications.
Lorsque les causes organiques ont été écartées, la prise en charge comportementale et le soutien psychologique sont très efficaces et apportent de très bons résultats auprès de ces enfants. Il est notamment très important d'éviter toute forme de réprimandes, de brimades et de moqueries.

Dr Marie-Noëlle Tardy, pédopsychiatre

À quel âge doit-on véritablement s'inquiéter des épisodes d'énurésie ?

Dans le cas de l'énurésie primaire, je conseille une échographie des reins et voies urinaires vers 4 ans, puis une attitude très décontractée jusqu'à 7 ans. Entre 7 et 11 ans, je traite variablement selon les demandes et la gêne occasionnée pour l'enfant ou ses parents. À partir de 11 ans, le problème devient plus sérieux et un traitement est proposé. En cas d'énurésie secondaire, une vérification s'avère nécessaire, surtout s'il y a fuite d'urines ou brûlures mictionnelles. On recherche une infection urinaire. Une échographie peut aussi être réalisée. Ensuite l'approche psychologique pourra s'appliquer. Les problèmes psychologiques sont plus fréquents ici que dans le cas des énurésies primaires. Des soins adaptés seront proposés.

Pourquoi des enfants parfaitement propres pendant des mois ont-ils encore quelques accidents lorsqu'ils sont en colo ou qu'ils dorment chez des amis ?

Un accident est vite arrivé et est toujours... sans gravité. Un sommeil profond après une journée bien remplie ou stressante favorise le risque d'énurésie. À l'inverse, certains enfants deviennent parfaitement propres à l'occasion d'un départ en colonie ou d'un séjour chez des amis !

Marie Repelin, enseignante en école élémentaire

Avant de partir en classe verte, abordez-vous le sujet de l'énurésie avec certains parents ou des enfants ? Que leur conseillez-vous ?

L'énurésie est un problème auquel nous sommes confrontés régulièrement quand nous partons en classe verte, principalement avec les garçons. Plusieurs semaines avant le départ en voyage, nous faisons toujours remplir aux parents un questionnaire de santé où ils doivent signaler les problèmes de leur enfant. L'énurésie en fait partie.
Quand un cas se présente, nous recevons les parents et voyons avec eux le meilleur moyen de faciliter le coucher de l'enfant. C'est un gros poids psychologique pour l'enfant comme pour ses parents. Il ne faut pas que l'effet « groupe » soit une souffrance supplémentaire pour l'élève.
En général, l'enfant apporte des protections adaptées à son âge (elles sont maintenant très discrètes). Il les dépose le jour de l'arrivée dans la chambre d'un enseignant et, au moment du coucher, va discrètement s'équiper, non pas dans les sanitaires collectifs, mais dans la salle de bains des accompagnateurs, par exemple. Comme c'est un moment de la journée toujours très agité (brossage de dents, distribution de médicaments...), les autres enfants ne s'en aperçoivent pas. Au réveil, le même scénario se reproduit.
Nous n'abordons pas le sujet directement avec l'enfant pour ne pas le mettre mal à l'aise. Nous lui faisons simplement part de consignes très discrètes.

boîte à outils

Petites idées « coups de pouce » pour les parents, jeux, comptines pour s'habituer à rester sur le pot, tests, tableaux de motivation pour bien connaître son corps, conseils alimentaires pour éviter le pipi au lit... Piochez dans la boîte à outils de la propreté.

À la maison, les bons trucs de nettoyage

Pipi sur la moquette ou sur le canapé

- Nettoyez avec de l'eau minérale gazeuse bien froide ou du vinaigre blanc mélangé à de l'eau savonneuse en commençant au centre de la tache pour éviter de faire des auréoles.

Pour nettoyer un pipi qui a imbibé le matelas

- Saupoudrez de talc, puis passez l'aspirateur lorsque la poudre a absorbé l'humidité, ou frottez avec un chiffon imbibé d'eau et d'eau oxygénée.

Les bonnes astuces pour les sorties

Organiser les pauses pipi

- En voyage ou en vacances, emportez un pot que votre enfant aura testé un ou deux jours avant le départ.
- Au restaurant, sur l'aire de repos de l'autoroute, dans l'avion, un enfant en bas âge est prioritaire. N'hésitez donc pas à doubler la file s'il a une envie pressante.
- En promenade, si votre enfant a soif, préférez l'eau aux boissons gazeuses (surtout lorsqu'elles sont à base de caféine), car elles stimulent la vessie.

Le calendrier du pipi au lit

Tenir un calendrier est très utile pour mieux comprendre quand et pourquoi l'enfant fait pipi au lit

- Il sert à identifier avec l'enfant la fréquence des accidents de la nuit.
- Il permet aussi de noter toutes les réussites : les nuits où l'enfant s'est levé pour aller aux toilettes, celles où il est resté au sec jusqu'au matin.
- Il aide à faire le point si vous décidez de consulter un médecin à ce sujet.

Les tableaux

zzz ! ZZZZ !

Le tableau des siestes au sec

zzz ! zzz !

	lundi	mardi	mercredi	jeudi	vendredi	samedi	dimanche
semaine 1							
semaine 2							
semaine 3							
semaine 4							
semaine 5							

Le tableau des nuits au sec

	lundi	mardi	mercredi	jeudi	vendredi	samedi	dimanche
semaine 1							
semaine 2							
semaine 3							
semaine 4							
semaine 5							

- Comment utiliser ces tableaux ?

Siestes au sec

À chaque sieste au sec, l'enfant colorie au réveil une tête du bonhomme dans une des cases.

Nuits au sec

Invitez votre enfant à tenir un calendrier pour qu'il repère les jours avec ou sans pipi au lit. À chaque nuit au sec, il complète la tête du bonhomme (yeux et sourire) dans une des cases.
S'il s'est levé la nuit pour aller faire pipi, il rajoute un nez en forme de L.

Vous pouvez retrouver ces tableaux et les imprimer en cliquant sur **grandiravecnathan.com**

En parler au pédiatre

Préparez vos questions au pédiatre sur le sujet du pipi au lit tardif ainsi que les réponses précises lorsque ce dernier vous demandera :

- le nombre de fois où l'enfant a mouillé son lit dans la semaine ;
- la fréquence des accidents dans la journée et au cours d'une semaine ;
- s'il s'agit de quelques gouttes ou d'un pipi complet ;
- si vous ou votre conjoint faisiez pipi au lit lorsque vous étiez petits ;
- les habitudes de l'enfant : boit-il beaucoup en fin de journée ?

Les jeux pour l'habituer à son pot

Gym-pot !
Jeux pour apprendre à se lever, à s'asseoir sur son pot avec souplesse, précision et rapidité

▸ L'enfant est assis tout habillé sur le pot.
▸ Vous comptez jusqu'à 3, il se relève et applaudit 3 fois, puis se rassoit.
▸ Vous comptez ensuite jusqu'à 4.
▸ Et ainsi de suite… jusqu'à 6.

1-2-3 mon pot !
Sur le même principe que le jeu de 1-2-3 soleil

▸ Vous faites face au mur et dites « 1-2-3 sur le pot » pendant que votre enfant, tout habillé, essaie d'atteindre son pot et de s'y asseoir.
▸ Puis vous vous retournez.
▸ S'il est immobile, le jeu continue et vous vous retournez à nouveau face au mur.
▸ S'il bouge, il retourne au point de départ.

Jacques a dit de s'asseoir sur le pot

▸ Vous jouez à « Jacques a dit » en demandant à l'enfant, tout habillé, de se lever et de s'asseoir sur son pot.
▸ S'il exécute l'ordre alors que vous ne l'avez pas précédé de la formule « Jacques a dit », il a un gage et doit imiter trois fois le chant du coq.

Les jeux pour rester sur le pot

Des petits jeux d'une durée de cinq minutes au maximum pour que votre enfant prenne l'habitude de rester assis, sans couches, sur le pot.

Qu'as-tu vu ?

Demandez à votre enfant, bien calé sur son pot, de trouver autour de lui :

- 3 objets de couleur rouge (ou autre suivant le décor de la pièce) ;
- 3 formes rondes ;
- 3 objets en plastique....

J'aime, j'aime pas... Demandez à votre enfant :

- sa couleur préférée ;
- son animal préféré ;
- sa chanson préférée ;
- de la chanter.

Silence, on écoute !

- Demandez-lui de ne faire aucun bruit pendant que vous comptez dans votre tête jusqu'à 60.
- Lorsque la minute est écoulée, il doit vous raconter tous les bruits de la maison qu'il a entendus. Peut-être que le bruit d'un petit pipi dans le pot en fera partie !

♪ Les comptines et ritournelles pour animer en chansons la pause toilettes !

La classique

Fais pipi sur l'gazon
Pour arroser les coccinelles
Fais pipi sur l'gazon
Pour arroser les papillons.

La marrante

C'est la reine d'Angleterre qui a fait caca par terre
On l'a essuyée avec des pommes de terre
C'est la reine d'Italie qui a fait pipi au lit
On l'a essuyée avec des spaghettis.

La tordante

Ki-a-du-kaka-ka-kolé-o-kuku ?

Un p'tit tour aux toilettes de l'école

Questionnaire-jeu (4-10 ans)

Je respecte l'intimité des autres :
● oui
▲ non

Je joue avec le papier-toilette :
▲ oui
● non

Je tire la chasse :
● oui
▲ non

Après mon passage aux toilettes, je me lave les mains au savon :
● oui
▲ non

Si je vois un robinet qui coule, je le ferme :
● oui
▲ non

Si tu as 3 ● ou plus, bravo ! tu te comportes comme quelqu'un de responsable.
Si tu as 3 ▲ ou plus, tu es un fameux chahuteur.
Ça doit changer !

Le quizz du pipi

Questionnaire-jeu (4-10 ans)

Chaque jour il faut faire pipi, au moins :
● 6 fois ;
▲ 20 fois ;
▲ 2 fois.

Ne pas aller assez souvent aux toilettes :
▲ laisse le temps au pipi de s'évaporer par la transpiration ;
● permet aux microbes de s'installer et de nous donner des maladies.

La vessie est une grande poche faite de muscles qui se gonfle comme un ballon. Elle peut stocker chez un enfant de 6 ans l'équivalent de :
● une tasse de pipi ;
▲ une bouteille de 1 litre de pipi.

Le pipi, c'est :
▲ de l'eau avec des microbes ;
● de l'eau qui contient les déchets dont notre corps n'a plus besoin.

Un enfant de 6 ans fabrique en moyenne et par jour :
● 4 tasses de pipi ;
▲ 10 tasses de pipi ;
▲ 20 tasses de pipi.

Est-ce que faire pipi au lit, après 6 ans :
● arrive souvent ;
▲ arrive rarement.

● : réponse juste ; ▲ : réponse fausse
Plus de 3 ▲ : peut mieux faire. Plus de 3 ● : bravo !

Gym tonique !

▸ Demandez à l'enfant de contracter de 10 à 20 fois les muscles de la région pelvienne et de maintenir la contraction pendant 10 secondes.
Il doit ensuite relâcher la contraction pendant 10 secondes et recommencer. À pratiquer de 3 à 5 fois par jour.

Conseils pratiques pour limiter le pipi au lit

▸ Veillez à ce que votre enfant boive régulièrement durant la journée, pour ne pas être complètement assoiffé après une journée d'école. Déshydraté, il risque de trop boire le soir et d'avoir des ennuis la nuit.

▸ Pour éviter de faire pipi au lit, mieux vaut limiter la consommation de boissons une heure avant le coucher.

▸ Il y a beaucoup d'eau dans les aliments, c'est pourquoi il est important de ne pas manger trop tard le soir. Plus on mange tôt, plus l'organisme a le temps de libérer les déchets qui doivent être éliminés avant le coucher.

▸ Le lait est un excellent aliment. Il est cependant déconseillé d'en boire le soir, car il est riche en protéines et leur digestion entraîne la production de beaucoup de déchets. Les reins doivent fabriquer plus de pipi pour les éliminer, ce qui augmente le risque de pipi au lit.

▸ La caféine augmente la production de pipi. Il y en a, bien sûr, dans les sodas au cola et dans les boissons à base de thé et de jus de fruits. On en trouve aussi dans le chocolat : une barre de chocolat noir contient autant de caféine qu'une cannette de soda ou de thé.

Crédits photos : © Shutterstock. p. 2-3 et 28 : Miodrag Gajic ;
p. 8 : Losevsky Pavel ; p. 14-15 : Vadim Ponomarenko ;
p. 16 : Kruchankova Maya ; p. 26-27 : Nadezda Cruzova ;
p. 36 et 72 : Hallgerd ; p. 44 : Vojteck Vlk ; p. 52 Evskaya Daria Igorevna ;
p. 64-65 : Benis Arapovic ; p. 66 : Ilyssa Sky Tonnessen.

Achevé d'imprimer en août 2009
sur les presses de la Nouvelle Imprimerie Laballery – 58500 Clamecy
Dépôt légal : août 2009 N° d'éditeur : 10159229 Numéro d'impression : 906258
Imprimé en France
La Nouvelle Imprimerie Laballery est titulaire de la marque Imprim'Vert®

collection les petits Guides parents

Également disponibles :

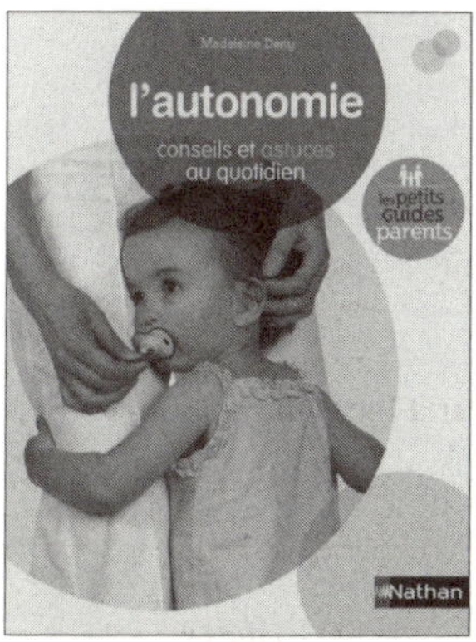

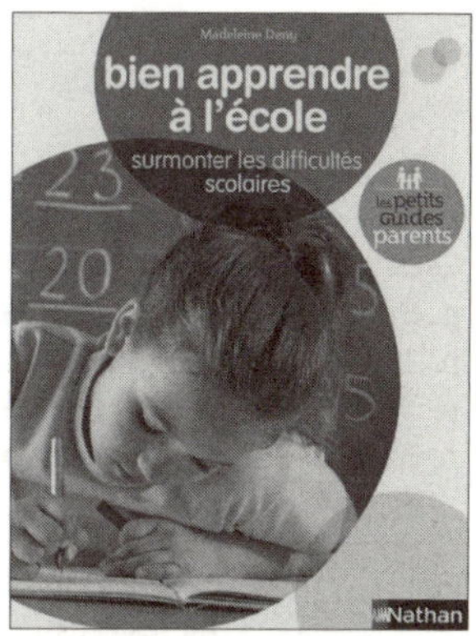